2025 동국문학인회 시화전
시화집『살아 있는 것은 다 아름답다』발간

▲ 석조전 앞 걸개 시화전

동국문학인회 시화집

살아 있는 것은
다 아름답다

신경림 외

▲ 석조관 앞 걸개시 앞에서

▼ 걸개시 개막식에 참석한 문인들

2025

동국문학인회 시화전

신경림 문정희
도종환 문효치 이윤학
이경자 박금성 이혜선
이재무 박소현 임보선
정희성 박이영 황민나
황명춘 박인걸 정병근
강상윤 박홍일 정우원
강서윤 박진호 정일주
고미경 박만식 정지윤
고영섭 박형준 鼻鼻成
공광규 서정란 조미경
권성희 석연경 조병무
김금룡 심봉구 주선미
김범문 양철숙 차옥혜
김선아 양은초 최민호
김애숙 무정은 하송윤
김을숲 유계영 황진석
김윤하 유재웅 황사라
김진명 윤 호 황사라
김춘식 이경철 휘 민
김현지 이서연
리 산 이선녀
문봉선 이영경

■ 일시 | 2025년 5월 2일 금요일 14시
■ 장소 | 동국대학교 팔정도 앞
■ 주관 | 동국문학인회 · 동국대학교 문과대학
■ 주최 | 동국대학교
■ 후원 | 만해축전추진위원회

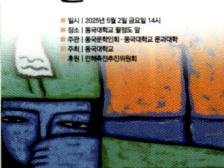

2025 동국문학인회 시화전

▲ 이용현 부총장과 신경림 시인 유가족, 초대 시인들과 함께 담소

▼ 걸개시 개막식 단체사진

신경림 시인 유고 시집 발간 기념 및 추모 1주기 문학제

▲ 신경림 시인 유고 시집 발간 기념 및 추모 1주기 문학제

▲ 신경림 시인 제1주기 추모식   ▼ 신경림 시인 제1주기 추모 학술대회

제38회 동국문학상 시상식 및 총회

▲ 축사, 이원규 소설가(전, 동국문학인회 회장)

▲ 제38회 동국문학상 수상자, 위수정 소설가

▲ 제38회 동국문학상 예심 심사

▲ 제38회 동국문학상 본심 심사

▲ 동국문학상 시상식에 참석한 회원들

화택 火宅

폭염 시대의 불난 집과 멸종위기

윤범모 시집 『화택(火宅)』은 기후위기와 환경 파괴에 시로 응답한 드문 생태
문학적 성과다. 시인은 잡초, 나무, 동물, 꽃 등 억눌린 존재들에게 목소리를
부여하며 인간 중심적 세계관을 비판한다.

「잡초 유시」는 식물들의 독백, 「멸종위기」는 생명들의 장송곡, 「화택」은 기후
재앙의 고발, 「백척간두」는 벼랑 끝 인간의 성찰을 담는다.

이 시집은 감상을 넘어 문명 비판과 생태적 실천의 가능성을 제시하며, 불
타는 집에 사는 우리 모두에게 "지금 무엇을 할 것인가"라는 물음을 던진다.

저자 윤범모

153*225 | 264페이지
16,000원 | 예술시대

강서일 시집

우주의 벌레 구멍

현대시 기획선 130
변형 국판 128쪽. 값 12,000원

활성화한 마음을
'물'이라 부르면

이 시집은 간결한 시언어에 의미를 함축하고, 시공간을 초월하는
상상력으로 우리가 가닿지 못할 심원한 세계를 현상한다. 무난한 어휘
운용, 상식적인 상황 전개로 메시지를 선명하게 전하는 시를 쉬운 시라 할
수 있다면, 강서일의 시는 이에 대한 만만찮은 저항력을 지닌다. 외연은
일상적이나, 내포는 철학적이고 과학적인 정신이 녹아 있는 세계와 접하고
있다.

_ 김효숙 (문학평론가)

대표전화 (02) 302-2717 | www.koreapoem.co.kr | koreapoem@hanmail.net | **한국문연**

"AI 인류"

이인철 시집(시인수첩 시인선 096)

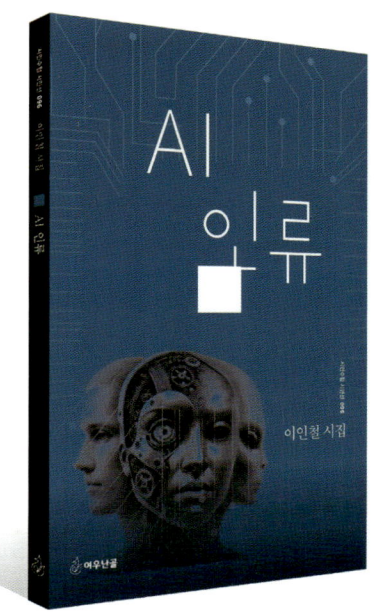

발행일: 2025년 5월 1일 / 판형: 장사륙판(124×198mm)
쪽수: 120쪽 / 정가: 12,000원 / ISBN 979-11-92651-36-1 03810

이인철 시인

순창에서 태어나 동국대학교 대학원 국어국문학과 박사과정 중퇴. 2003년 《심상》으로 등단하여 시집으로 『회색 병동』이 있다. 현재 시인수첩+(주)여우난골 발행인.

poetmemo@naver.com

 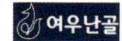

동국시집 52호

나의
신 속에는
신이 있다

현재진행형인 〈동국문학인회〉

김금용(동국문학인회 회장)

올 2025년은 작년보다 문학행사가 더 많았습니다.

〈동국문학인회〉 운영진은 5월 22일 동국대학교와 한국작가회의 및 충주시에서 마련한 신경림 선배님의 일주기 추모제에 참석, 추모기념 시화집 『살아있는 것은 다 아름답다』를 선생님 묘비 앞에 올리고 삼배하였습니다. 그 시화집은 5월 2일 모교 석조관 앞 광장에서 시작한 걸개시 전시회 때, 동국문학인회 회원님들이 쓴 추모시와 신경림 선배님의 대표시 및 유고시를 함께 실은 것으로 《창작과비평》 출판사에서 출간한 신경림 시인 유고시집과 함께 모교 세미나실에서 신경림선배님의 둘째아드님과 따님의 유가족대표 인사말과 전.작가회의 이사장 이경자 소설가 및 이재무, 안도현, 함명춘 시인이 특별히 참석해 함께 추모의 뜻을 전했습니다. 또한 모교 선배이신 문효치 시인과 박형준, 이경철, 휘민, 박판식, 박소란, 기혁, 유계영, 권박, 정재율 시인 등 모교 출신 후배들이 대거 참석, 시낭송을 함으로써 추모행사를 5월 한 달 동안 세 번을 가졌습니다.

4년째 〈동국문학인회〉에선 모교 국문문창과 학생들이 인제 만

해마을에서 매년 갖는 청년만해학교에 약간의 후원금을 내오고 있는데, 올해는 동국문학인 특별상 이름으로 상금을 주었고, 앞으로도 꾸준히 후배들의 창작력 고취에 적은 금액이나마 후원해주기로 했습니다. 이 모든 행사가 순차적으로 진행될 수 있었던 것은 모두 회원님들이 자발적으로 내주시는 연회비와 행사참가비, 응원의 뜻이 담긴 후원금 덕임을 밝힙니다.

앞으로 새 회장단이 나오더라도 만해실천위에서 주는 천만 원과 회비를 잘 활용하면, 일 년에 두 권, 시화집과 동국시집이 함께 꾸준히 출판할 수 있으리라 봅니다.

동국문학상도 만해실천위에서 지원하는 천만 원 중 500만 원을 수상금으로 마련함으로써 외부 심사위원들을 예심과 본심 각 3분씩 모시고 상당히 엄중하고도 심려 깊게 객관적 심사를 하도록 진행하고 있습니다.

2022년 첫해엔 윤고은 소설가에게, 그다음 해엔 박판식 시인, 작년엔 박소란 시인에게 수상이 돌아갔고, 2025년 올해는 위수정 소설가가 수상하게 되었습니다.

한국문단의 중심으로 동국문학이 바로 서기 위해선 진정 문학성이 높고 멀리 해외로까지 나아갈 젊은 유망주 작가들에게 수상하는 게 좋겠다는 중의에 따라 젊은 후배들에게 수상 기회를 준 덕분인지, 최근 〈동국문학인회〉엔 젊은 재학생들 가입이 부쩍 늘기 시작했으며, 예전보다 훨씬 출중한 젊은 신인들이 모교에 많이 진학한다는 소식과 함께 올해 수상작가들은 16명에 이르고, 올 한 해 등단한 작가들도 6명이나 됩니다.

모차르트는 "각 음표 하나하나에서 음이 나오는 게 아니고, 음표와 음표를 잇는 연결고리 안에서 음악이 만들어진다고 말했습니다. 실제 피아노 소나타 K.545를 들으면 8분음표와 16분음표가 대화하듯 교차하면서 논리성을 갖고 있음을 알게 됩니다. 그만큼 음표의 길이와 쉼표가 문장부호처럼 작용, 음악적 문장감을 주는 것이죠.

우리 문학도 각각의 글자 하나하나를 합칠 때 의미가 생기고 그 의미 때문에 소통과 감동이 일어나는 까닭에, 삶의 결을 읽어내고 인간존재의 근원을 탐색하는 문학은 최근의 AI 기능 덕분에 쉽게 어떤 질문이든 답을 풀어놓는다 해도 문학을 뛰어넘지는 못하리라 확신합니다.

문학은 예술은 사물의 '본질'을 꿰뚫고자 하는 진심, 미학에 대한 깊은 관심과 명상에서 시작하기 때문에 내 가슴, 내 사고, 내 마음을 거쳐 탄생한 내 작품은 AI 기능을 뛰어넘는 나만의 독창성을 갖습니다.

기존질서와 규제로부터 부단히 탈출하려는 자유로운 사고와 호기심에서 창의적 글쓰기는 진행되는 것이기에 〈동국문학인회〉는 고인 물이 되지 않는, 한 발자국씩 앞으로 나아가는 문학단체로 오래오래 현재진행형으로 발전할 것입니다.

내년은 마침 만해 탄신 147주년이자 작고 81주기이고, 시집 『님이 침묵』 발간 100주년이며 동국대학교 국어국문문창과 창설 80주년이라서, 저희 〈동국문학인회〉에서도 윤재웅 총장님과 김춘식 문리대학장과 손잡고 기획에 협조하려 합니다. 아무쪼록 회원님들의 적극적인 의견과 협조를 부탁드립니다.

목 차

시

산
문

소
설

"사랑한다는 말이 너무 멀게 느껴졌다. 모르는 단어 같았다"

평등한 밤 같은 건 오지 않는 불가능의 세계 속에서 노래가 되지 못한 채 울리는 허밍들

꺄흐띠에, 너도 하나 사, 튼튼해, 안 질리고.
한나는 웃었다. 웃는 것 말고 다른 적절한 리액션을 찾지 못했다. 꺄흐띠에. 한나는 규희의 발음이 오래 귀에 남았다. 까르띠에가 아니라 꺄흐띠에. 그래, 나도 꺄흐띠에 하나 사야겠다. 한나는 웃었고 규희는 그런 한나를 보며 미소 지었다. 자신이 왜 웃는지 규희는 영원히 알 수 없으리라. 「제인의 허밍」에서

'취향'은 고작 이별의 이유나, 존중하면 그만인 무엇이 아니다. 그것은 강력한 사회적 기능을 가지고 있는데, 계급을 형성하고 재생산하는 일이 취향의 몫이다. 아마도 고전적인 마르크스주의자라면 계급이란 취향이 아니라 생산수단의 소유 여부에 따라 결정된다고 고집스레 강변할지도 모르겠다. 그러나 (그건 댁들 취향이고) 작가 위수정에게 취향은 그와 다르다. 위수정에 따를 때 취향은 넘어설 수 없는 계급 간 경계를 획정하고 유지시킨다. **김형중(문학평론가)**

김유정작가상 수상작 「오후만 있던 일요일」
이효석문학상 우수상 수상작 「아무도」 수록!

우리에게 없는 밤 위수정 소설집

388쪽 | 값 17,000원

50 문학과지성사 SINCE 1975 www.moonji.com

제38회
동국문학상 수상자

위수정 소설가
소설집 『우리에게 없는 밤』

| 약력 |

위수정 소설가는 동국대학교 국어국문학과를 졸업하고 2017년 동아일보 신춘문예에 중편소설 「무덤이 조금씩」이 당선되어 작품 활동을 시작 하였다. 소설집 『은의세계』『우리에게 없는 밤』『칠면조가 숨어 있어』 등을 발간했으며, 2022년 제23회 이효석 문학상 우수작품상, 2022년 제2회 김유정 작가상, 2024년 제57회 한국일보 문학상을 수상한 바 있다.

제38회 동국문학상 심사평
위수정 소설집 『우리에게 없는 밤』

현대 여성의 여러 가지 마음의 어둠을 잘 포착

심사평

예심을 거쳐 올라온 작품은 총 3편이었다. 강화길의 장편소설 『치유의 빛』, 위수정의 소설집 『우리에게 없는 밤』, 예소연의 소설집 『사랑과 결함』이 그것이다. 심사위원들은 세 작품 중 어느 작품이 수상작으로 정해지더라도 동국문학상의 수상작으로 손색이 없다는 점에 의견의 일치를 보았다.

강화길의 장편과 예소연의 단편소설들은 여성의 성장에 관련된 이야기들을 하고 있다는 점에서는 서로 연관을 지니고 있었다. 강화길의 소설은 세 편 중 유일한 장편소설인데, 작가가 벌써 세 편의 장편을 써 냈을 뿐만 아니라 그 소설들이 자기 나름대로 브랜드를 만들어 가는 경향을 보이고 있는 점에서 다른 사람에 비해 좀 더 점수를 줄 수 있는 장점을 지니고 있었다. 소설은 매우 흡입력 있게 잘 읽히는 장점 또한 지니고 있었는데, 여러 장르들을 넘나들면서 스릴러 문법을 보여주고 있는 그 드라마틱한 서술의 힘이 장점이지만, 이야기가 조금 급하게 마무리되는 느낌을 지울 수 없었다.

예소연은 소녀들의 성장이야기와 세대와 젠더가 교차하는 이야기들을 다양하게 보여주고 있었다. 고딕적인 소녀들의 성장담을 다룬 소설들에 심사위원들은 주목했고, 이 작품들이 예소연만의 이야기들을 만들어가고 있다는 점에 좋은 평가를 내렸다. 그러나 전체적으로 작품들의 수준이 고르지 않다는 점에서 아직 성장하고 있는 과정에 있는 작가라는 평가를 받았다.

위수정 작가의 소설은 현대 여성의 여러 가지 마음의 어둠을 잘 포착하고 있었다. 세 편 중에서는 가장 정통적인 소설의 계보를 이어가고 있는 작품이었는데, 여성의 경험이 관련을 맺고 있는 영역들을 폭넓게 다루면서 여성이 처해 있는 삶의 관계들을 좀 더 복합적이고 전체적으로 이해하려고 하는 시도들이 있어서 훨씬 성숙한 소설이라는 평가를 받았다. 결국 위수정의 소설 『우리에게 없는 밤』을 수상작으로 선정하는 것으로 심사위원들은 의견을 모을 수 있었다. 선택을 받지 못한 두 명의 작가가 곧 동국문학상을 받게 될 것을 의심하지 않는다는 믿음을 덧붙이면서, 수상자에게 축하를 전한다.

예심 심사위원 김춘식, 조형래, 정기석
본심 심사위원 황종연, 신수정, 허병식

더 나은 글, 나은 문학을 향해

위수정

99년도에 국어국문학부에 입학했을 때 저는 작가를 꿈꾸는, 마냥 철없는 학생이었습니다. 성실하지도 못했고 특별히 뛰어난 학생도 아니었던 제가 이렇게 20년이 훌쩍 넘어 동국문학상 수상자가 되었다는 사실이 신기하고 또 감사합니다.

학부를 졸업하고 십 년도 더 지난 뒤 대학원에 입학했을 때에도 동국대는 제 기억 속의 학교와 같았습니다. 팔정도의 분수대가 코끼리 상으로 바뀐 것이나 도서관이 신축된 것 정도는 금방 익숙해졌습니다. 제가 마음 붙이고 다시 공부를 할 수 있었던 것은 변함없이 자리를 지켜주신 선생님들 덕분이었습니다. 늦게 돌아온 저를 따뜻하게 맞아주시고 북돋아주신 선생님들께 감사와 존경의 말씀을 드립니다. 선생님들께서 문학을 대하는 자세를 옆에서 볼 수 있었던 것이 제게는 가장 큰 배움이자 동력이었음을 기억하겠습니다.

수상 소식에 기쁘면서도 얼떨떨한 하루를 보냈습니다. 동국문학상이라는 이름이, 제 모교에서 주는 상이라는 사실이, 제게는 더 특별한 의미가 있습니다. 그리고 가만히 제가 쓴 글들을 떠올려 보았습니다. 세상에 드러내어 읽힐 만한 글인가 생각하면 언제든 조금 부끄럽습니다. 외면하고 싶을 때도 있어요. 하지만 이렇게 제 손을 잡아주시고 응원해주시는 선생님들을 떠올리면 조금 더 용기를 내어보자는 마음이 듭니다. 조금이라도 더 나은 글, 나은 문학을 향해 조용히 정진하겠습니다.

선후배, 선생님들께 다시 한번 깊은 감사의 마음을 전합니다.

집

　언젠가 얼음이 갈라지면 나는 이름도 모르는 호수 아래로 잠길 것이다. 아래로, 아래로…… 추운가, 숨이 막히는가, 그러다 결국 아무런 고통 없이 점점 아래로 더 아래로. 추위와 고통을 잊고, 한참 가만히 가라앉으면 거기에 비로소 나의 집이 있다. 물고기와 해초와 바위 들 사이에 있는 나의 집. 거기에는 김치찌개도 상한 우유도 없다. 곰팡이도 부모도 없다. 냄새도 날씨도 없이 나는 집에서 조곤조곤 대화를 나눌 것이다. 나와 같은 말을 쓰는 당신과 함께. 집이란 그런 곳이니까. 춥지도 덥지도 않고 다만 우리는 포근하다고 느낄 뿐이다. 서로를 끌어안고, 꿈이 없는 잠 속으로. 어두워도 충만하여 빛을 원할 필요도 없이.

　— 소설집, 『우리에게 없는 밤』 수록작 「집」 중에서.

시詩

다시 만난 동백

강경애

그해 바닷가 한쪽에 무더기로 피어오른 동백은
시뻘건 선혈을 흘렸다
검푸른 바다는 드센 거품을 토해내며
여명이 몸 풀 때까지 동백을 향해 으르렁거렸다

몇 생을 돌고 돌아
그 동백이 다시 내 앞에 환생한 것일까
낯선 작은 바닷가 길옆에 서서
그는 해맑은 모습으로 작은 꽃망울마다
비릿한 미풍을 휘휘 감아쥐고
파안대소하며 온몸을 흔들어댄다
기억의 갈피마다 숨겨진 사연들을 멀리
털어내라는 듯이

내가 다시 만난 동백은 시간을 넘나드는
저린 아픔이고 햇살 가득한 희망이다

1830번째 손님

강상윤

　잠실 나루에서 강남 산후조리원까지 모신 손님들, 중년의 부부인 듯, 부인 손에는 파란색 케이크 상자가 들리었고 남자는 엉거주춤 서 있다가 택시에 올라탄다 사부인이 아직 산후조리원에 계실 텐데 너무 일찍 가는 것이 아닌가 하고 걱정들을 한다

　시계를 보니 아니나 다를까 아침 8시 조금 넘은 시각이다 목적지에 도착하여 차에서 내린 부부는 곧장 산후조리원으로 들어가지 못하고 쭈빗쭈빗 근처 상점들을 기웃거린다 세상에 이보다 축하할 일이 있습니까 손자가 태어나 기뻐서 한달음에 달려오기는 했으나 며느리와 사부인이 불편할까 봐 마음들을 쓰고 있었다 죄송합니다만

　100년 뒤에는 우리나라 인구가 753만 명으로 나라가 망한다는데요 제 손자를 비롯해서 지금 태어나는 아이들은 더 힘들겠어요 그 아기들을 생각하면 밤잠이 안 옵니다 어떻게 되겠지요, 인구가 많이 필요 없는 고도의 문명사회가 될지도 모르고요

　나라가 망해 봐야 정신들을 차릴 건지 걱정이 됩니다 100년이 멀리 있는 것 같아도 50년 뒤에는 인구가 1500만 명, 금방입니다, 아마 서울 인구도 100만 명 정도로 줄어들 것이고,

　지방도 부산 대구 광주 대전 인천 등 대도시 빼고는 다 사라질

것 같습니다

100년 뒤에 나라가 망하여 식민지 백성으로 살아야 할지 모르
는 아기들이

불쌍합니다. 밤잠이 안 옵니다. 그러나 다시 한번 축하드립니다

마네킹의 일기

강서일

단지 목적을 위해 태어났으니
내게 존재론은 없다.
신의 섭리나
아담과 이브의 사랑도 없다.
먼지의 공장에서 대량생산되어
비릿한 인간의 죄 한 자락도
내게는 없다.
그리하여 화려한 쇼윈도에서
예쁜 옷가지만 보여주면 그뿐
필요에 따라 한 쪽 팔이 없거나
눈 없고 코 없는 얼굴도 상관없다.
북극한파가 덮친 서울의 새벽
지하도 한 쪽에 숨어 우는
한 여인의 눈물이 눈부시다.
붉은 입술을 지워버린 슬픔은
본디 내게는 없었으니
고통의 환희는 더더욱 없으니
살아있는 생은 과연 저런 것인가.

살아라!

고영섭

삶이라는 화두를 들지를 말고

지금 이 순간을 살라는 말씀

세상은 느끼는 자의 것이니

머리와 가슴을 온몸 끝까지

밀고 또 밀고서 나가지 못하면

수 천금 권력도 쓸모 없으리

삶이란 앎의 비늘을 걷어내고

오늘 여기 바로 이곳에 사는 것.

물방울

공광규

비온 후 해국에 맺힌 물방울은
빗물인가
눈물인가

내가 제주 관음사에서 만난 물방울은
빗물
어머니가 법성암 천도재 지내고 나오다
일주문 앞에서 만난 물방울은
눈물

아침 풀잎에 맺힌 물방울은
이슬인가
눈물인가

내가 성사천변 산책길에서 만난 물방울은
이슬
어머니가 먼 옛날
시여지 애장터 가던 길에 만난 물방울은
눈물

노란 생각
— 천산산맥 3

김금용

'노란 생각'이란 마을이 있다
공동묘지와 나란히 이웃한 채
노란 카레처럼 뒤엉킨 채
골똘하듯 웅크린 마을이 있다

나무도 곡식도 야채도 없는 허허벌판 위에
양떼만큼, 소떼만큼, 말떼만큼, 낮게 엎드린 마을

삶의 키가 무덤보다 높지 않게
삶이 죽음과 수시로 같게,

홀로 광야에 비상등을 켜고 서있는
이정표처럼
파미르 고원 가는 길 위에서
노란 생각에 빠진 마을이 있다

새벽 두 시의 서재

김미연

칸칸이 꽂힌 저 정적,
책상에, 연필꽂이에, 빈 의자에 정적이 앉아있다

한낮에 책장을 넘기던 소리도
찻물을 끓이던 주전자도 고요하다
새벽이 침묵을 물고 활개를 치며 거닐고 있다

잊혔던 실핏줄에 혈액이 돌고
시간은 어둠의 뼈를 타고 흐른다

벽과 벽 사이 실금이 가던 소리도 잠잠하고
꽃병에 갇힌 꽃의 숨소리도 멈췄다

의자에 기대어 고뇌하던 시간도 바닥에 엎드렸는데

서재는 익숙한 손님인 듯 침묵을 껴안고
금요일은 반쯤 지워졌다

벗어둔 낮의 껍질을 옷걸이가 붙잡고 있다

발라드 오브 해남 3

김밝은

신의 손바닥 위에서 허우적거렸던건지
뒤돌아보지 않겠다 결심했지만 다시,
제 발로 헐레벌떡 뛰어오고 말았다

깊이를 알 수 없는 바다가
안달하지 않아도
제 마음을 하염없이 열어 보이고

찰방찰방 내려앉는 어둠은
혼자 견디는 법을 배우기에 안성맞춤이어서
뚜벅뚜벅 걷는 바닷길

왼쪽에서 오른쪽으로,
남모르게 옮겨간 노을과 마주하자
세상 앞에 뻣뻣하게 굳었던 내 몸이
편안한 자세로 기울어졌다

무릎 사이에 묻어둔 울음이 조금 따뜻해졌다

석류

김보화

잔털 하나 없는 피부에 생채기가 나고 있다

햇살 폭포 맞으며
잔뜩 웅크리고 있던 그녀
수척해진 팔 내려놓는다

가쁜 숨 몰아쉬며
배시시 웃는 보조개
빨강 입술, 하얀 치아
쳐지지 않는 탱글한 몸짓

동굴 속 빠져나와
뜨거운 심장 퍼득이며
햇덩이 하나씩 꺼내 놓는다

광폭한 세상 살아왔다고
그녀의 속사정은 옹골차게 붉기만 하단다

가을 틈 사이 포장된 비밀스런 보석상자

마닐라 봉투를 든 검정 고아의 나날

김상규

이제는 꺼낼게요, 나만큼 슬픈 것들을

잘 마른 토끼털과 딱딱해진 호밀식빵, 메마른 숨소리와 차게
식은 엉겅퀴죽, 굶주린 목양견은 이미 절 떠났으니 멀리서 날 찾
아온 목숨 하나 꺼낼게요 매 맞는 소년들과 노예들의 낮은 영가,
쫓겨난 이방인과 털 없는 붉은 쥐 떼, 사라진 존재들과 사라질 존
재들 속 한 줌 남은 내 희망도 밖으로 나왔어요

지금 전 한갓 빈털터리, 이게 바로 나인걸요

다대포 편지지

김서희

편지지가 있습니다
파도가 줄 쳐 놓은 모래밭 편지지
오로지 발자국으로만 쓰는 편지지입니다
삼삼오오 혹은
외로운 당신이
바다를 앞에 두고 사연을 씁니다

모진 사랑에 대하여
푸슬푸슬,
한세상 사는 일에 대하여

그럴 땐 갈매기도 조약돌도 가만히 있습니다

마음 부려놓은 당신들 훌훌 떠나면
달랑게가 풀게가 줄줄이 나와서는
오자를 바로잡고 밑줄을 긋습니다

빈 행간은 달빛이 찬찬히 읽어내어

돌아가는 당신들 야윈 어깨를
환하게 토닥입니다

파도는 조용히 사연을 지웁니다
그리고
새로운 편지지를 마련해 둡니다

비옥肥沃, 비옥翡玉

김선아

　하늘 귀퉁이 파고 물 한 모금 심었던가, 미인의 뼈마디랑 핏줄도 함께 심었던가,

　오장육부도 군데군데 심고, 하염없는 눈빛은 향신료처럼 아주 살짝만 뿌렸던가,

　하늘이 무척 비옥肥沃해졌던가.

　미인의 눈에만 깜깜한 우주의 온몸에 흐르는 반짝이는 물길 보인다 했던가, 투명한 뼈마디로 줄사다리 엮어 보슬보슬 내려왔던가, 얼비치는 실핏줄을 머리칼처럼 살살 빗어 내렸던가, 잎맥 가지런해졌던가, 오장육부로 끝말잇기 하다 도저히 이어갈 수 없는 도단道斷의 경지일 때, 새하얀 목련이 말길言路 텄던가, 물길 냈던가,

　미인의 꺼풀 없는 눈매처럼
　봄비 내렸던가,
　비옥翡玉이 내려왔던가.

끝단

김선영

끝에 도착한 것들은 소리를 내지 않는다
유언처럼 다음이 없다
기계의 마찰음 보다 더 익숙한 손끝의 힘이 거기에 있다
선택되지 않은 것들이 모여 다시 어디론가 흘러들기 직전,
그곳은 잠시 호흡을 가다듬는 중이거나
자신을 추스르는 중이다
겹쳐진 포장지, 뒤집힌 용기, 탈색된 라벨
모두가 제각기 한 번쯤 정면을 가졌던 것들
그러나 잘려나간 이후에 끝단은 이름을 붙이지 않는다
이름은 순환 속에서만 유효하고
끝단마저 사라지면 여기는 순환 이후의 세계다

제활센터의 끝단들이 모여 있다

나는 그 구간을 보고 있었다 보고 있다는 것만으로
무언가가 유예될 수 있다면 그조차 하나의 감응이라 믿는다
마지막은 언제나 시작보다 화려하다 그러나 더 정직하다
끝이 아닌 곳에서 끝났다는 것
그 감각이, 끝단의 전부다

이토록 가깝고도 먼

김시림

갈매기 한 마리가 저 수평선 너머로 사라진다

무엇을 찾아가는 길일까

사람들 마음엔 생각 프로그램이 담겨 있어서

160센티미터도 안 되는
이 작은 몸에도 세계로 가는 길이 있다

가만히 있어도
그리로 간다는 것은
반질반질 길이 나 있다는 것

한아름의 그리움이
별빛과 싸락눈과 새소리와 천둥번개로 쌓인
그 길 위에 서면

나는 그만, 하늘과 심장 맞대고 한 호흡하는

먼바다 외줄 수평선

내 몸이 심하게 출렁거리는 날
돌아오는 길을 잃고 헤매기도 하는

가깝고도 먼 길

화장장

김애숙

커다란 사각의 관에 바닷물이 들어차자
염전 주인은 직업적으로 수문을 닫습니다
슬픔의 염분을 맞춘 바다가
소리 없이 타들어가는 동안
해안가 숲에서 두 손 모으고 서있는
소나무 참나무 아까시나무 사이로
유족들의 울음소리 들려옵니다
바람이 낮게 지나고 새들의 하늘에
흔적 없는 연기가 피어오릅니다

따갑게 내리쬐는 태양 아래
피와 살 다 증발하고
허연 유골만 남은 바다,
긁개로 정성스레 흩어진 뼈들을 거둡니다
작은 산을 이룬 유골을 수레로 옮깁니다
금이빨이나 무릎에 박힌 철심
불순물을 제거하고 곱게 빻아 상자에 담습니다
하얀 보자기에 소금을 싸는 순간

하나 남은 울음마저 묶여 끅끅댑니다
염전의 하루가 공손히 저물어갑니다

북간도

김윤숭

상해박물관 홍산문명전
북간도의 요하문명
한국의 고대문명
세계의 5대문명
중국의 동북공정
실효적 점령상태지

일본은 자유국가
만만히 여겨서
독도는 우리땅
맘대로 외치지

중국은 눈치 보여
짹소리도 못 내고
간도는 우리땅
언감생심 외치랴

오늘이 휴가

김윤하

끝없이 펼쳐진 바다는 열대의 산호 꽃바다
청록빛 바다 무늬는 나이테를 닮았고
물결은 잎맥을 닮아있다

풍경이 흠뻑 담긴 뮤직비디오처럼
파도 위 속삭임이 무인도 여기선 자유라고,
Island in the sun 노래를 펼쳐놓는다

풍덩, 바다의 리듬에 뛰어든다
물이 숲길로 가득 차 있다
손끝이 바람을 읽자 여름이 열린다
눈부신 수평선의 바다
오직 바다뿐이다

하늘을 꽉 채운 태양
햇빛에 붉게 익은 꿈 하나가 함께 유영하는
엘리자베스 랭그리터*의 그림 속으로 휴가를 다녀왔다

*Elizabeth Langreiter(1964~): '매일이 휴가'. 오스트레일리아 화가.

훈습熏習

김진명

향은 날린다
낡은 베갯잇에서 어머니의 숨결이
묵은 시집에서 젖은 낱말이

너는 스며든다
내 말투와 미소
내 기다림까지

부딪히며 닳아
남아있는 것을
문득 알게 될 때

너라는 향기는
바람이다
설레어 날리는 마음이다.

사과에 관한 명상

김춘식

반쯤 먹다가
남긴 사과

숲에는
여기저기 흩어진
벤치가 있고,
벤치 위에 사람들이 앉아서
책을 읽는다

살다 보면
반쯤만 먹다가
남긴 것들이
아주 많다 · · · · · 는 생각을 한다

문득, 살다가,
얼핏, 깨었다가,
허겁지겁
책을 펼쳐든다

정오의 산책 시간
숲은 평화롭고
오후의 햇살은
따뜻하다
나뭇잎들이 조각보처럼 엉켜서
찢어 놓은
하늘에서는
쏟아지는 햇살이 눈을 찌른다. 눈에
들어온 햇살이
빛처럼 반짝이는 물방울로 변해서
눈동자 속에 박힌다

한 입 베어 물고 버린 사과

개미들이 행렬을 지어
사과의 상처 속으로 몰려든다

한 잎 베어 물고 버린 사과

말하고 싶은 것들은
언제나 한 입쯤을 베어 물고
입안에서 웅얼거리는
중얼거림을 닮았다

상처와 맞닿았던 혀와 입술이 기억하는 말들로

만어산萬漁山

김현지

일만 개의 바윗돌 위로 일만 음계의 종소리 들려오는
먼 바다로부터 미륵불 따라온 검은 부레들
성큼 성큼 너덜을 타고 오르는 만어산 중턱

일만의 종소리 따라 일만의 물고기 따라 내가 흐르네

세찬 빗줄기 사이 우, 우, 우박 쏟아지는 하늘 향해
우억 우억 기어오르는 일만의 물고기들
천둥소리에 부딪쳐 무너지네 까무러치네

일만의 바다, 일만의 미륵불이 일어서는 안개 속
내 몸에 돋아난 은빛 지느러미 흔들며 흔들며
일만 한 번째의 물고기 되어 흐르네
만어사 쇠북을 떠난 일만의 종소리 따라 내가 흐르네

댕 댕 댕…내 몸에서 나는 내 종소리…

시래기 화석

문봉선

등운산 고운사* 처마께 매달려 흔들리는 무청시래기
신라중엽 최치원이 말리고 앉아 있다

사철 푸른 양식이다.

*경북 의성군 단촌면에 있는 절, 청정수행도장으로 유명함.
 (2025.3.22. 의성에서 발생한 대형산불로 고운사 사찰이 전소됨.)

먼 길

문정희

나의 신 속에는 신이 있다
이 먼 길을 내가 걸어 오다니
어디에도 아는 길은 없었다
그냥 신을 신고 걸어 왔을 뿐

처음 걷기를 배운 날부터
지상과 나 사이에는 신이 있어
한 발자국 한 발자국 뒤뚱거리며
여기까지 왔을 뿐

새들은
얼마나 가벼운 신을 신었을까
바람이나 강물은 또
무슨 신을 신었을까

아직도 나무뿌리처럼
지혜롭고 든든하지 못한
나의 발이 살고있는 신
이제 벗어도 될까,강가에 앉아

저 물살 같은 자유를 배울 수는 없을까
생각해 보지만

삶이란
비상을 거부하는 가파른 계단

나 오늘 먼 곳에 와 비로소
두려운 이름 신이여!
를 발음해 본다

이리도 간절히 지상을 걷고싶은
나의 신 속에 신이 살고 있다

반사경

박금성

반사를 잃은 거울 속에서
한 사람이 얼씬거린다
그의 생과 함께 한 여럿의 얼룩이
어둠과 빛으로 점멸하는데
나는 나를 찾을 수 없는 것인가

과거를 되비치는 기억도
기억 속 흔적의 늪에서
더욱 흐릿해지고
낮은 밤에 떠밀리고
나는 찾고 있네

모르는 사람 손을 잡고
읽을 수 없는 웃음 따라 웃으며 만든 반
사경 속에서
지친 구름은 절뚝거리며 경계선 밖으로 걸어오는데
구름처럼 떠밀리며 나는
여기 있네

거울 속 그가 사라지네 몸통 없는 안개처럼
그의 삶과 동행했던 여럿의 얼룩도 사라지네
느린 동영상 속 지는 해처럼
그러나 죽음처럼 즐겁게

거울은 흐리고
밤은 밤에 묶여 있고
바람은 땅을 무겁게 밟으며 제 길로 가고
나는 여기 있네

기억을 되감아 아름다운 눈물을 다시 만나도
그 사람도, 그와 함께한 얼룩도
사라진 처음의 자리로 오지는 않네
반사를 잃은 거울 속에서 한 사람이 얼씬거려도

거울이 더욱 흐려지고
밤은 낮을 부르지 않고
이제 바람은 날개 없이 지상을 떠나고
나는 찾고 있네 나를 떠난 나를

관폭도觀瀑圖를 보고

박법문

  폭포는 허공을 가르며 떨어진다. 멀리서 바라보니 색즉시공色
即是空이다.

  절벽 위에서 진일보 하면 유구하리라 여겼던 세월이 찰나에 끊
어진다.
  물이 물이 아니다.
  진공眞空의 경지에 들어간다
  거대한 진공의 에너지가 수면에 떨어져 파도를 일으킨다. 공즉
시색空即是色이다.

  파도와 물은 다르지만 같다. 파도가 잔잔해진다.
  선비의 누옥陋屋을 에둘러 흐른다.
  수불리파水不離波 파불리수波不離水 번뇌즉보리煩惱即菩理가 되는
지혜의 강이 흐른다.

  자연히 그러하니 자유롭지 아니한가!

분실

박소란

지하철을 탔죠 모두 앉아 있거나 서 있었죠 빈자리가 보였지만
서 있었죠 문쪽이었죠 문이 열리고 닫힐 때마다 나도 따라 열리
고 닫히고 한 무리의 사람들이 왔다 갔죠 누군가는 춥다고 했고
누군가는 좀 별로라고 했죠 누군가는 여기서 그런 걸 먹으면 안
된다고,

안 된다고, 소리치는 사람이 있었죠 으윽 냄새, 수상한 냄새, 문
이 열렸지만 내리지 못했죠 바닥에 장갑 한짝이 떨어져 있었죠
내 것인 줄 착각하고 잠시 움켜쥔 적이 있었죠 유 실 물 센 터 거
대한 화살표를 살피며 의아해하고 있었죠

빈자리는 메워지지 않았죠 사람들은 먼 곳에 있었죠 길 위에
있었죠 무거운 허공을 둘러메고 건널목에 빈 유모차를 끌고 공원
에 혼자 있거나 함께 있었죠 잠깐씩 아주 잠깐씩 지하철에서 내
려 버스를 갈아타고 버스에서 내려 다시 지하철을 타는 동안

저기요 가방 열렸어요, 말해 주는 사람이 없었습니다

강가Ganga* 아이 1

박이영

설산의 문맥으로
천개의 골짝을 지나
타지마할의 장르를 넘나드는 너는

꽃이 필 지점인 바라나시의 시詩

강물에 띄운 꽃등과 지난여름의 이야기는 흘러흘러
소의 행렬을 따라 적히고 있었다

구전口傳 두둑한 까만 손등의 말

소의 걸음으로 낭송하지만 흰 안개는 장문의 맨발이라

처연히 돌아눕는 흰 눈으로부터
헐렁히 풍경으로 서 있을 때

방울방울 질문을 거듭하는 너는
꿈꾸는 가장이었다

*갠지스강을 상징하는 여신

우리가 잃어버린 것

박인걸

돌의 표면은 강물에 닳아 서서히 지워지고
흐르는 물은 끝내 본래의 이름을 버리며
기억의 조각들은 깊은 심연 속으로 가라앉아
공백의 자리에만 말 없는 침묵이 남는다

상실은 단순한 결핍으로 환원되지 않고
떠나간 것이 아니라 우리를 버린 흔적이며
부재는 무의미가 아닌 더 깊은 의미로 남아
그늘 속에서 인간은 스스로를 바라본다

붙들던 소유는 허상임을 이제야 알게 되고
닫힌 창은 오히려 어둠의 언어를 흘려내며
사라진 숨결 대신 고요가 말을 걸어오고
결국 남겨진 것은 부재의 윤리뿐이다

우리가 잃어버린 것은 실체의 무게가 아니며
존재를 지탱하던 단단한 의미의 결이었고
그 결이 사라진 자리에서 우리는 비로소
끝없는 물음 속에 자신을 마주하게 된다.

시인의 말

박종일

나만의 미적 형식을
찾았으나 사막의 낙타처럼
경계가 명징하지 못하고 모호하다
가파른 벼랑 위에 길이 있다
그대는 남쪽으로 튀었고 나는
벼랑 끝에 서서 운다
다시 그대는 그대의 별로 돌아갔고
지평선을 닮은 자유들
모든 걸 버리고 싶다

달팽이가 길 위를 기어간다
어둠으로 나를 가둔다
결코 사랑하지 못하고
미안함에서 돌아난 연민
상처내고 슬퍼하다가
잠들 뿐

낙화암

박진호

백마강 나룻배 석양에 슬프다
벼랑에 핀 고란초 제문을 낭한다

백화정 굽어보는 절벽 아래 버들꽃잎
삼천궁녀의 넋 기리는가

소정방에 유린된 백제인의 정령
민족의 횃불 이어가는 힘 되어

고란사 목탁소리 낭랑히
억겁의 미래로 퍼져간다

배롱나무

박판식

농부의 장화 앞에 세 번 엎드렸다 일어나니 눈앞에 아기부처가 있다 다시 눈을 떠보니 하늘에서 눈이 쏟아지고 있다 배경 없는 장소를 발가벗은 사람들이 걸어가고 있다 빌 것도 없고 간절한 것도 없는데 웬 부처람 눈을 감아도 볼 수가 있다 꿈속 세상 이야기는 아니다 배롱나무 뿌리 혼자 눈밭을 몇 걸음 걸어가다 손가락을 치켜들고 멈춰 섰다는 이야기

그림자의 공집합

박형준

읽어도 그만이고 안 읽어도 그만인 수첩의 흘러내리는 글씨

산책로 아스팔트 자전거 길에 오리 두 마리가 있다
한 마리는 골똘하게 응시하는 자세로
또 한 마리는 한 발을 들고 날개를 펴고 춤추는 자세로

한 마리는 몸을 돌린 채 왜 쟤는 저러나
무심한 듯하나 걱정스러운 눈빛으로
또 한 마리는 자기를 바라보는 눈빛에 아랑곳하지 않고
그 앞을 추월할 듯 우아한 모습으로

그 둘이 거의 겹치는 순간
그 아래 그림자도 겹치며
만들어지는 그림자의 공집합

한 마리의 접힌 날개와
또 한 마리의 반쯤 펴진 날개의
아스팔트 자전거 도로 원근법 중심에 위치한

흐릿하다가 진해지기도 하는 톱니바퀴가 돌아가듯 움직이는
그림자

실치회를 먹으며

서정란

혼신을 다해 대해를 끌고 오느라
실오라기로 육탈된 실치회를 앞에 두고
그 장렬한 생에 대해
짧은 기도 한번 없이 검은 뱃속으로 집어 넣는다

바다를 품은 수정처럼 맑은 몸뚱아리에
파리똥 같은 까만 눈이 화룡점정이다

저 눈으로 검은 뱃속 숨겨둔 죄를 낱낱이 찾아낼 것 같아
실치회를 먹으며 속이 울렁울렁한다

육탈 맑은 생을 보시하는 실치여
고뇌도 없이 세치 혀를 굴리며
한바다를 끌고 온 그대를
허겁지겁 먹어치우는
불경스러움을 용서하소서

그의 사진 1

양점숙

회한 속에 국화 향불로만 타오르나
돌아올 수 없는 길을 아주 떠난
사진 속 나의 반쪽은 무심히 나를 본다

눈물 그렁그렁한 내 앞에서 침묵하는
절대로 나한테 그럴 수 없는 사람이
어쩌면 그렇게 말없이 쳐다보고만 있을까

가는 길이 다르면 마음도 변하는가
절대로 내 손 놓지 않을 그 사람을
차가운 그 손 놓을 수 없어, 차마, 차마, 그 손을

잠

염은초

욕조에 물이 차오르고 있다
발, 종아리, 무릎, 허벅지, 엉덩이, 배, 가슴, 어깨, 목, 턱, 입술, 코,
귓속으로 차오르는 물의 말

머리카락이 수면 위에서 아래로 빠져들지 못하고 떠다니고 있다
몸이 따라 떠오른다
다시 가라앉는다
수면 밖과 안 그 어느 경계에서 몸이 멈춰서 있다

낚시로 잡아온 붕어가 붉은 대야에 누워있다
온전히 헤엄칠 수 없을 깊이의 수면에서 가만히 누워
가끔은 꼬리를 퍼덕이다 아가미 호흡을 하고 있다
몇 번을 도마와 부딪치며 무뎌진 칼을 가지고 나와
숫돌에 칼을 간다
날카로워진 칼날에 붕어 머리가 단숨에 잘려 나간다
입을 뻐끔거린다
도마에 놓여있는 몸을 바라본다
몸은 혼자서 퍼덕이다 멈춘다

욕조에 물이 넘친다
바닥에 떨어진 물들이 거울처럼 고여 있다
손가락으로 거울 위에 그려진 얼굴을 더듬었다
뭉개진 얼굴이 아가미 호흡을 한다

송광사 가는 길

우정연

가을 햇살이 엿가락처럼 늘어나
휘어진 산길을 힘껏 끌어당긴다
늘어날 대로 늘어난 팽팽한 틈새에서
저러다 탁, 부러지면 어쩌나
더 이상 갈 길을 못 찾고 조마조마하던 차에
들녘을 알짱대던 참새 떼가 그걸 눈치챘는지
익어가는 벼와 벼 사이를 옮겨 다니며
햇살의 시위를 조금씩 느슨하게 풀어주고 있다
비워야 할 일도 채워야 할 일도 없다는 듯
묵언정진 중인 주암호를 끼고
한 시절이 뜨겁고 긴 송광사 가는 길
참, 아득하기만 하다

안목

유병란

등을 맞댄 하늘과 바다가
서로의 등을 잘라내며 수면 위로 떨어진다
내 눈이 시리다
등과 등을 밀어내는 하얀 절벽들
거칠게 밀려왔다 사라지는 파도에
접힌 통증을 풀어 놓으며
어긋난 심장을 천천히 밀어 넣는다
찰나처럼 가버린 파도에 가을은 있었을까
한순간 슬그머니 몸을 틀어 길을 내는 바다
나는 바다의 등을 따라가며
내 등을 생각한다
내 안의 고립을 생각한다
뜬구름보다 더 가볍게 바다를 떠다니는 입
차갑게 떠난 오래전 연인처럼
사랑은 제 그림자 위에 죽은 물고기여서
허공을 떠다니는 오한이다

검푸른 오해가 남아 있는 안목해변에서
나는 이별의 발아發芽를 밟으며 북쪽을 바라본다

신나무

윤유나

  맥락을 보여주는 겁니다. 한약재가 될 뻔한 녀석이죠. 굴다리 아래 실개천의 어린 자라. 그리고 첨벙거리는 아기 호랑이가 있습니다. 사무실에서 사무원은 잠이 들었어요. 잠에서 깼고 잠에서 깬 후로 마찬가지, 그대로 있습니다. 순간, 바위 동굴에서 바깥으로 나왔고 나오자마자 보이는 흙에 깃발은 꽂았습니다. 책의 혈관이 터졌어요. 피를 뿜고 있다고요. 가로등에 나방이 꼬이기 시작합니다. 우리는 여자의 뱃속에서 살아서 나왔습니다. 무슨 뜻인지 알겠죠. 경황이 없었습니다. 밑동은 남겨두고 잘라냈던 이유가 있겠죠. 족쇄와 헛디딤은 각각 다른 이야기, 그런데 결이 같은 농담. 두눈 부릅뜨고 낭떠러지로 꺾어지고 말았습니다.

얼굴 없는 부처

윤재웅

다 가져가라
내 돌 살

코도 귀도 입도
나는 필요 없느니

갈아서 마셔라
슬픈 티끌의 몸뚱이

오라 오라 오라
서러울 것 없어라

검은 고름과 진물은
내게 다 주고

그대 이제 잘가라

꽃 피고 새 울면
나는 얼굴 없는

돌사람

파안破顔

윤 효

    호미랑 괭이랑 낫이며 삽까지 쪼르르 걸린 토담집 흙벽에 기대 해바라기하던 산골 노인이 주름살 활짝 펴고 대답했다. 저만 부지런하면 이 한겨울에도 풍족하게 살 수 있어요. 암만 추워도 땅 속 돼지감자는 얼지도 않거든요.

52 듣기

은이정

난청 검사가 끝나자

그는 52 헤르츠*의 노래를 아냐고 했다

손목엔 붉은 오선지가 보였다

배에서 넘어져 고립된 사람

낭떠러지 닮은 파고

아른대는 신호등 그래도 건너야 한다고

썩은 점 마다 귀 기울였어요

고막도 몸통보다 높으니 잘못된 건가요

선반 위 먼지 같은 날들 아무리 소리쳐도 축축해지기만 했고

색 없는 벽지 옆 삐그덕 의자 끄는 소리

괜찮아요

파동이 잘못 한 거죠

깜깜한 해저 어디에서 그은 선일까

그의 음표는 보이지 않았지만

처음 듣는 박자에 발을 떼고

줄을 통과하는 우리는 휘어서 선 안으로 들어간다

창밖 물줄기는 여전히 닫혀 있다

*해저 밑바닥에서 다른 고래들은 들을 수 없이 높게 소리 내는 고래의 주파수.

립스틱 봄비

이경철

메마른 겨울 가란 듯 비가 내린다

립스틱 첨 바르고 내 앞에 다가서던 여자

가느랗게 떨리는 입술, 지금도 가슴 뛰는데

가쁜 황사 먼지나 겨우 적셔가며 내리는 가랑비

안개의 시대엔

이서연

안개가 짐승의 가죽처럼 두툼한 시대엔
문은 문門이 아니라 문問이 된다

내 탓을 네 탓으로
창백한 양심이 안개의 틀에 끼인 채 바둥된다

평범한 꿈마저 희미하게 흔들리는 사이
그 그림자가 안개에 젖는다

문問을 해결못한 채 문門 앞에서
지금까지 걸어 온 시간의 구덩이를 다시 판다

젖은 그림자를 끌어다 구덩이에 넣고
안개에 검색되지 않을 양심을 찾아본다

그나마, 시를 쓴다는 이유로
깊은 유감을 언어로 달래 온 습관이 있으니까

미세하게 벗겨지는 움직임이 포착될 때까지
견딤을 안개의 미학이란 문패로 삼는다

싸리꽃 빗살 틈에

이선녀

살구빛 노을 등 저 풀밭길 걷는 날에
풀 물든 바람 끝에 여치 울음 매달리고
방죽 가 고향 내음을 두레박에 퍼 온다

고무신 추억 밟던 깨금나무 산길에서
누운 풀 머리 땋던 오종종 조막손들
싸리꽃 빗살 틈에서 그 시절이 웃는다

다시 봄

이순희

개나리 위에 눈꽃 피었네
때아닌 폭설에 거리는 얼어붙고
봄옷으로 갈아입은 사람들
겨울처럼 떨고 있네

계절도 철이 든다는 것은
이렇게 온 천지가
한 번 뒤 집어 진다는 듯

언 땅을 갈아엎고 난 후에 씨를 뿌리듯
내 마음 묵정밭도 뒤집어 놓아야
또다시 한 계절을 건널 수 있다고
이렇게 서서히 철들어 가고 있다고
눈 속의 개나리 떨면서도 환하네

훈민정음 세계에 담다

이영경

청자의 영롱함 그 안에
세종대왕의 애민 정신으로 백성을 가르치고

백자의 검소함 그 안에
시와 시낭송, 시화전, 음악, 캘리그라피를 통한 소통

한글을 세계의 중심에 담아
지구상 가장 아름다운 소리의 기록

히말라야 빛사태

이용하

안나푸르나 지붕 위 잿빛 장막에 문득 작은 틈이 터졌다. 햇빛이 쏟아져내려와 창날봉에 무더기로 올라탔다. 한데 이를 어쩌나, 햇빛더미가 제 무게를 못 이겨 중심을 잃고 기우뚱, 산비탈로 엎어졌다. 그러고는 숨 쉴 틈도 없는 광폭의 활강, 눈더미에 부딪쳐 깨어지는 빛의 난장, 공중으로 튀어올라 지붕을 뒤덮은 빛의 파편들. 오, 오, 찰칵, 내 망막에 화인으로 박힌 안나푸르나의 무지개 휘장!

여름은 울지 않는다

이정현

지하철 2호선에는 색이 있고 소리가 있다
숲과 순환하는 계절이 푸른 소리로 달린다

어디론가 떠나려는 여름은 종일토록 울고
처서가 당도하기 전 해야 할 일 마쳐야 하기에
맴, 맴, 맴 하다, 여치 흉내로 찌르르 찌르르해도 맴맴이다

연민을 더해 울음으로 철길을 돈다
돌다가 비둘기들 본다
떼로 무심하다

방금 철로 밖으로 비둘기들 날리는 2호선
멍해지는 소리에 금속성은 더 이상 들리지 않는다

우연히
울음에도 계절이 있고 정거장이 있는 줄 알아버린

여름이 떠나갈 듯 푸른 울음 토한다
발 디딜 틈조차 없다.

투시

이제재

　너는 화가 났다 혹은 빛나는 화분을 들고 있던 것인지도 모른다 그것을 나는 알아채지 못한다 나는 그것을 지금 알아차린다 언제나 너와 헤어지고 난 다음에. 화분은 바닥에 있고 그것은 텅 비어 있다

　너는 화가 나 있다 혹은 네가 아니라 어머니였을지도 모른다
　엄마는 지금 기분이 나쁜 거야? 동생들이 눈치를 보고 나는 바닥에 눕는다 유리잔을 테이블 위에 탕탕 놓는 소리 다음에는 잔 바닥 옆으로 흐르는 물기
　그것은 바닥으로까지 흐르지 않았는데 투시하듯

　한쪽 눈을 감고 나는 화분을 들고 있다(언젠가부터 천장에 물이 새고 있으므로 그것을 물 받침대로 쓸 수 있다 그 화는 언제나 너 스스로를 견디고 있어 너는 내가 계속 화가 나 보인다고 말한다 언젠가 일부러 전철을 놓치며 했던 얘기들…)

　화가 나지 않았어
　화가 나지 않았어?

잘, 모르겠어 어쩌면 났을지도 몰라
그렇겠지 너는 항상 널 잘 모르니까

언젠가 나와 헤어지기로 결심한 뒤에 너는 내가 얼마나 잘못
느끼고 있는지에 대해 한참을 일러준 적이 있다
그런 기억이 없다는 것으로 나는 입을 다문다

화분은 언제부터 화분이 아니게 되었는지
하지만 빗물받이통 역할을 지워버리면 역시, 그것은 화분으로
돌아가고

투시자는 말한다
새로운 동생들, 네게는 너와 같은 것을 겪고도 다르게 자란 동
생들이 있다 : 그 화는 유전되지 않는다

이병규체

이혜선

"임자 죽을 때 손목은 떼어놓고 가게"
아버지 친구들은 아버지 문장과 글씨를 아꼈다
대산면청 호적계, 함안군청 마산시청 근무할 때
유심회唯心會 회원들께 인사장 보낼 때
한문문장과 글씨는 더 빛났다

우여곡절 끝에 늦게 국문학 전공하는 딸을 앉히고
소싯적 서당에서 외우던 한시를 일필휘지로 써주신 공책

바람 서늘한 대밭 아래 대청마루
신문지 펴놓고 먹을 갈아
뒤에서 안고 어린 손 겹쳐잡아 힘을 실어주던 붓글씨

삐뚤삐뚤 그때 글씨, 그 문장 아직도 못 벗어나
공책만 간직한 채 깊은 뜻 언저리만 맴돌지만
장지에 펜혹을 달고 평생 걸어온
딸의 길 너머
손녀의 숨결 도처에서 되살아나는
이병규체 문장과 글씨

민들레 우편

이희경

누가 보내지도 않았고
누가 받지도 않았지만
주소도 이름도 없는 그 한 장이
오늘따라 손에 걸린다

바람이 뒷짐 지고 언덕을 내려오고
나는 풀숲에 주저앉아 편지를 쓴다

뜨거웠다가 식은 말 다시 일어나
닳아버린 펜촉으로 눌러쓴 마음
잉크 마를 틈 없이
민들레 한 송이를 붙인다

입김으로 우표를 붙여
아무도 기다리지 않는 곳으로
숨을 들어마셔 힘껏
후~ 하고
불어보낸다

바다

임보선

바닷속에
똑같은 세상 하나 있다
사람보다 더 정직한 계절이 찾아와
우주를 들여다본다

봄에는 봄빛이
가을에는 가을빛이
똑같이 물들어 바다에 꽂힌다
하늘이 높으면 바다도 깊으니
그 앞에 서면
가슴 서늘해지는
지난날 뿌리가 살아 있다

바닷속 천둥 치면
내 안의 바다는
번개로 출렁거려
파도를 끌어안고
바위를 핥고 있다

저녁엔 붉은 노을 삼키고

상어

정민나

어딘데 이리 예쁠까. 그녀가 전송하는 물소리 영상을 만져보는데 말을 마치기 전 샤크가 지나간다. 소름 돋는 손이 주춤할 때 하하하 엄마, 식인 상어는 아니에요. 지느러미를 매단 목소리가 물방울을 내뿜는다.

물가에 내놓은 그녀는 어느새 훌쩍 커서 서해 바다에서 태평양을 돌아 중동의 푸자이라 해안 알록달록한 열대어를 순환 중이다. 야생의 바다를 오르내리는 그녀와 통화 중인데 오토바이가 굉음을 지르면 옆을 지나간다. 혀를 차듯 행성의 궤도가 우그러지는 소리

유선형 기류가 흩어지면서 어두운 날씨가 출몰한다 원시의 바다가 찢어진다. 믿을 수 없을 정도로 아름다운 상어를 전송하던 그녀가 흔들린다. 인간 생체 발자국 지도*를 거슬러 오르던 먼바다에서

생물 지도를 펼쳐든 사람 위로 탁한 목소리가 가로지른다

아무리 아름다워도 상어와 함께하는 바다라니… 푸른 도화지
구겨지는 소리로 심한

　잡음이 끼어든다

사슴이 되어가는 중

정우림

서로 마주보고 있다 잎은 사슴의 뿔을 타고 오르고 사슴은 나무를 감고 있다 서로 집이 되어주고 있다 죽어가는 나뭇가지에 초록 잎들의 들숨과 날숨 나무의 살이 오른다 동물과 식물의 친족이 나란히 함께, 중간에 있다 나무가 사슴을 보고 있는지 사슴이 나무를 보고 있는지 잎은 사슴의 몸통이 되어가고 뿌리도 사슴이 되어가고 지나가던 바람도 사슴이 되어가고 이슬도 사슴이 되어가고 뭉게구름도 내려와 사슴이 되어가고 함께 휘감고 자라는 중이다 뿌리를 버려야 빨리 달리지 번개가 친다 마른 나뭇가지에 불이 붙는다 고리처럼 빙글빙글 돌고 있는 숲의 줄기 서로의 동맥으로 흐르는 중이다 사슴의 뿔은 더 높게 뻗어가고 잎은 더 낮게 자라는 중이다

고향故鄉

정일주

진달래꽃 만개했던 앞동산
봉분封墳 동네로 변해가고

엄마가 호미 들고 살던 보리밭 콩밭
묵정밭 되어 잡초만 몽용蒙茸하네

그리움이 가득한 초가草家집
한 채 두 채 폐가로 변해가고

그 옛날 종일 서울 가던 길
지금은 세 시간 칠갑산 도착

푸른 하늘 별 들의 고향
푸른 숲 산새의 무릉도원武陵桃源

눈 감으면 달려오는 그리움
엄마가 잠든 두메산골 내 고향

치킨집 슈뢰딩거

정지윤

배달 오토바이가 돌아와요
키보드와 손가락이
얼마나 가벼운지
책임질 수 없어요
그냥 즐겨요
프라이드 치킨 위 매운 양념

엄마는 신발이 많은 식당에 가라고 했어요
확률은 옳은 것이지만
나는 둘 중의 하나가 아니에요
진열대 위의 나는 시력이 나쁜
고양이가 아니에요

튀긴 닭다리를 기다리는 시간
내 결정을 걱정하지 마세요
벨이 울려요
나는 끝까지 나의 선택을 알 수 없어요
내가 나의 것이 되는 순간을

가을

조미경

하늘이 높아지고 있다
흰 구름, 설탕을 입에 물어
단물이 주르르 흘러내려
과수원 과일에 내려앉았다.

얇은 비단 날개잠자리
큰 눈동자 껌뻑이며
짝을 찾아 고속 비행
사랑의 언약식 완성한다.

매미도 술렁이며 소리쳐 노래
죽음을 목전에 둔 시한부의 아우성
삶의 질긴 동아줄 끊길까
노심초사하는 우리네 오늘

그래도 가을은 오고야 만다
석류의 붉은 속살에 감추어둔 연정
붉어 터지고야 마는 그 마음

어제의 미련은 고이 심연의 우물에 감춘다.

　태울듯한 태양도
슬그머니 꼬리를 감추니
여름은 아쉬운 작별을 하고
선들선들 바람에 춤추는 우리.

반짝이는 것들

주선미

갯벌을 밀고 온 수평선 넘실거리는 아침
먼 태평양을 품고 온 망둥이 떼 다슬기 무리
맨발로 몰고 다니느라,

가시나무, 나뭇가지 헤치고 신비한 깃털이라도 찾으면
알라딘처럼
더 이상 구구단 외우지 않아도 될 거라
학교 가는 것도 잊고 산속을 뒤지던 때

저녁이 산모퉁이를 돌면 우리집이 보이고
엄마한테 학교 안 갔다고 야단맞을까 봐
굴뚝 연기 한 줄기 먼저 산꼭대기를 빠져나갔다
꼬르륵대는 소리에
밥상 위 된장찌개가 눈에 아른거리고
지붕에 풋밤 떨어지는 소리에
후다닥 담 밑으로 달려가면 갯벌에 붉은 물이 번졌다

긴 꼬리 남기고 사라지는 별처럼 감각에서 멀어진 것들

요즘 세상에

주원규

좀처럼 웃을 일 없는 요즈음
웃기기도 힘들고
웃기도 힘든 요즈음

고양이가 허리 오그려 웅크리고
귀 쫑긋 세우고
팽팽히 고누고 있다가 날렵하게
쏜살같이 쥐 한 마리를 낚아챈다

영화 한 장면을 보듯
이윽히 보고 있던 청년 왈
호야, 요즘 세상에 쥐 잡는 고양이도 있네
하하, 기특도 해라, 늙은 것이 쥐를 잡다니
내일 해는 좀 일찍 뜨려나, 훠이훠이 밥맛 나겠어,
헤벌쭉 웃는다

기다리다가

지연희

꽁꽁 묶이어 칠성판에 유리된
창백한 어머니의 낯빛은

'네가 보고 싶어'

감고 있던 눈을
떴다가 감았다가 떴다가

문밖의 자식을 기다리고 있었다

열세 살 아이가 고사리 순 같은 손으로 무심히
눈등을 내려주자 고요 했다

아이의 파리한 손 떨림으로
싸늘한 생사의 경계가 그어지고

눈물을 읽지 못하던 아이는
비로소 폭포수 같은 슬픔을 쏟아내고 있었다

하늘의 문이 열리고
어머니는 뚝. 굵은 동아줄을 잘라버렸다

빈집 1

최민초

너 오래도록 여기
웅크리고 있었구나

납작 엎드려
말갛게 눈 뜬 채
차마 썩지도 못한 세월
서럽게 견뎠구나

한때 당당하게 씨를 품었을
너
지금 동그마니 슬프구나
너, 또 씨를 품을 거니?

배롱나무, 네가 지는 것은

하승윤

견디거라 처연하도록 붉은 저 뜨거운 날들을

네가 그토록 붉게 피어난 것은 그 무슨 꿈 때문이었느냐

네가 지는 것은 끝내 지는 것이 아니니

가을이 맑고 푸르른 것은 배롱나무, 네가
폭염의 침묵을 뚫고 피었기 때문

이어지는 태풍과 젖은 우울의 가지 끝에
심장의 박동 같은 꽃망울을 기꺼이 내놓았기 때문

네가 지는 것은 끝내 지는 것이 아니니

네가 지던 날은 나 처음 이 나던 날
환하게 웃으시던 돌아가신 아버지
밤하늘의 별 하나로 피어나시던 날이었으리

축조

한백양

　집은 종이와 망치를 떠올리기 위해 싸우는 사람들을 껴안곤 한다 건축은 무엇이 부수어졌다는 뜻이란다, 작은 방에 숨은 아이에게 벽은 먼지를 건네고, 선물 받는 일에 익숙해지지 않은 채 자라난 사람들이 창밖에서 집의 소란을 한 주먹씩 쥐고 사라진다 아주 오래 전의 편지를 발견한 날처럼 가만히 서 있다가 집을 뛰쳐나가는 일이 아이의 꿈에 문고리 대신 달려 있다 나도 집을 지니게 될까요, 벽은 대답하지 않아야 할 순간에 대답하지 않고, 누구랑 살래, 질문은 아이를 놓지 않는다 변성기의 목율대처럼 아이의 손아귀가 거칠어질 때까지

　사람을 엇갈리게 쌓아서 집을 세우는 사람 또한 어딘가에 있단다, 아이는 이런 말이 쌓여서 집이 된다고 믿는 사람, 난간에 놓인 택배 상자를 흔들면 모든 영혼이 소란해지는 어떤 밤을 믿는 사람, 사람은 또 무엇으로 지어, 아니 지워지는 걸까요, 언젠가의 일기를 들키면 집안에는 또 싸움이 벌어지고, 무서워하면 무서워지고 안으려고 하면 안겨지는 풍경 속에 아이가 있다 있다는 말의 가장 최소 의미를 몸에 두른 채, 자신을 다시 움켜쥐려는 손에도 깨진 벽과 비 새는 자리가 있다는 것을 배운 채, 깨진 곳 너머

를 힐끗대면서

　놀이터가 있는 곳, 타다 남은 인형은 사라진 머리카락만큼 서늘하고, 아이는 집이 있는 방향에서 이름 모를 새들이 떠도는 걸 발견한다 그들이 무엇을 머금고 사라지는 중일까, 질문하는 사람이 되려면 또 무엇을 해야 할까, 소매로 닦아낸 인중에서 피어나는 기척들, 소문과 발광체가 이따금 쏟아지는 집 앞에서 아이가 제 영혼을 닦고 있다 마모된 곳의 윤기를 모아서 벽을 세우고, 마모된 만큼의 여백으로 방을 빚는, 놀이였을까, 그러나 대답하지 않으면서

히말라야 새

홍사성

해발 8천8백 미터
히말라야를 넘는 새가 있다
온 몸 힘빼고
가오리연처럼 하늘 높이 솟구쳐
바람의 흐름에 목숨 맡기고
만년설 덮인 설산을 넘어간다
지상에서 가장 높은
구름 띠 두른 산 위를 나는 새는
결코 산 아래를 바라보지 않는다
끝없이 펼쳐진 무한창공
그 절대고독 속을 날아
천축에 이른다
세상의 안락에 발 묶인 새들
꿈도 못 꾸는 고공비행
단독으로 나서는, 두려움 모르는

작지만 큰 새

매미의 시

홍신선

늦여름 새참 녘부터
매미가 몽당연필이 다 된 목숨을 손에 쥐고
허공에 금을 긋는다. 지워지면 긋고 긋다가 지워지면 또 긋고
덧칠로 금들을 내리긋는다

詩가
허공도 아닌 시간에다 오래도록 가꿔온 노래를 긋고 또 긋는다.

아이스크림과 펭귄

황사라

졸지에 직장을 잃었다 그날 밤 이빨이 빠지는 꿈을 꿨다 혀끝
은 자꾸 빈 웅덩이를 더듬고 한 발은 허공에 한 발은 땅에, 악몽
의 물웅덩이로 빠져든다 걸을 때마다 물이 튀고 바지 밑단은 젖
어든다 바다로 가고 있었다 물밖에 없는 바다로 저 멀리 무인도,
무인아이스크림 가게라니 주인 없는 가게에서 키오스크를 누르
고, 기계 속 목소리는 상냥하다 훈련된 외로움 같다 입안에 핏물
이 고이고 짭짤하다 아이스크림을 먹고 있다 피 맛인지 아이스크
림 맛인지 솜을 물고 있어야 해요 간호사 말인지, 내 말인지, 너
무 오래 물고 살았다 흰 솜을 밟는다 푹푹 빠지며 뒤뚱거린다 펭
귄은 바다에만 있는 줄 알았다 삶의 반은 바다에 삶의 반은 육지
에 어딘가에 속할 줄 알았는데, 날지도 못하는데 새라고 불렸다
아이스크림은 다 먹지도 않았는데 녹아내린다 잠도 꿈도 아닌 것
이 손에서 흘러내린다

기도하는 마음

휘 민

기도를 할 때면 손이 두 개인 걸 안다
기도하는 순간 맞닿은
손바닥의 온기에 나는 안도한다
서로 마주보고 있지만
결이 다른 두 개의 의지
때론 서로를 속이고 배반하기도 하지만
힘이 들 땐 깍지를 껴
두 손을 맞잡기라도 해야 한다

한 손에는 심장을
다른 한 손에는 기원을 올려놓는다

천칭은 자주 기원 쪽으로 기울지만
중심을 잘 잡아야 한다
그 순간 바닥에 닿은 나의 이마는
더 높은 질서를 향해 귀를 기울인다

기도는 내 신념의 무게를 확인하는 과정
열 개의 지문이 간절하게 심장의 온기를 붙든다

고요를 갈망하는 마음들이 쌓여 종교가 되듯
나는 가장 낮은 자세로 나를 안아 준다

무릇 예술가는 자기 자신만의 예술을 만들어 가야 한다.
철저하게 자신의 것, 자신의 일체가 담긴 예술을 만들어 가야 한다.
예술가에게 있어 삶이란 그 같은 자신을 만드는 과정일 뿐이다.

하프를 잃은 시인들 ┃ 홍신선 ┃ belles-lettres 1 ┃ (주)함께하는출판그룹파란 ┃ 2025년 9월 20일 발간 ┃ 양장 ┃ 152×225㎜ ┃ 397쪽 ┃ 정가 33,000원

동국시집 52호

———

산문

아, 엄마

심봉구

정말입니다. 엄마를 생각하는 것은 고통스러운 일입니다. 칠순 나이인 지금도 그렇습니다. 도대체 엄마를 어떻게 사랑하는지 방법도 모르고 살았습니다. 겨우 예순을 살고 가셨는데 서로 살갑게 마주한 기억이 없습니다. 곰곰 생각하면 그렇게 된 연유를 찾을 수는 있겠습니다.

조부모님은 병자년 대홍수에 숟가락 하나 건지지 못하고 깊은 산골로 들어옵니다. 아버지 나이 열세 살이었답니다. 화전민 생활이 시작된 겁니다. 세월이 흘러 허접한 집에 땅뙈기도 제법 일궜지만, 여전히 찢어지게 가난합니다.

그런 집의 팔 남매 맏이에게 엄마가 시집온 것입니다. 열악한 환경에 자식 둘을 연달아 잃지만, 실컷 울 수도 없습니다. 고모, 삼촌들 시집장가보내고 분가시키느라 뼈 빠지게 고생합니다. 아버지가 삼척 시멘트 공장에 취직하자 자식들을 데리고 수구재를 넘어 산골을 탈출합니다.

그런데 아뿔싸, 둘째인 나를 할머니에게 맡기고 맙니다. 엄마 젖을 놓지 않으려는 형 때문에 나는 좁쌀죽만 먹고 할머니 쭈그렁 빈 젖을 물고서야 잠잤답니다. 그게 사단이었습니다. 삼척 단칸방 사정도 딱하여 할머니도 나를 남기라고 허락한 겁니다. 그렇게 국민(초등)학교 졸업할 때까지 조부모님과 셋이 살았습니다.

엄마는 한 해 두 번 정도 나를 만나러 산골로 옵니다. 검정 고무신, 낙하산 양말, 공책, 연필 따위를 가지고 옵니다. 그윽한 눈으로 한참 동안 나를 바라볼 뿐 다정한 말도 없습니다. 나도 미칠 듯 엄마가 보고 싶었지만, 덥석 안기지도 못합니다. 산골 아이의 습성이기도 하지만 할머니의 눈치가 보입니다. 엄마와 할머니가 다툴 때도 있습니다. 빈약한 곳간 곡식을 뒤져 이것저것 챙겨가려는 엄마의 행동이 화근입니다. 6.25 전쟁 끝난 지 얼마 안 된 시점이니 모두 어렵고 심성도 각박할 때입니다. 체구가 자그마한 할머니는 연신 구시렁대지만 결국은 덩치 크고 한 성깔 하는 엄마가 이깁니다. 엄마가 언덕 아래로 내려가면 슬픔이 어린 가슴을 짓누릅니다. 그때부터 할머니는 혀를 차며 엄마 흉을 늘어놓습니다. 나는 몹시 듣기 싫어 괜히 지렁이만 꼬챙이로 자꾸 굴리며 괴롭힙니다. 생각해 보니 개미도 괴롭혔습니다. 미물만 만만하니까요. 죄받았는지 나는 자라지 않고 꼬챙이같이 자꾸 말라갑니다. 꾀죄죄한 얼굴엔 허연 마른버짐이 가득합니다. 반찬이라고는 된장 한 가지. 감자 박힌 좁쌀밥을 소화하기엔 너무 허약한 아이였습니다. 하지만 지독한 외로움과 그리움이 어린 심신을 삭정이처럼 마르게 했음을 아무도 모를 겁니다.

컴컴한 새벽, 할아버지의 기침과 독한 담배 연기가 손잡고 공습하면 어린아이도 일어나야만 합니다. 할머니는 소죽을 끓일 것입니다. 손주가 밥을 먹는지 마는지 상관없이 그분들은 곧 횡하니 산으로 밭으로 갑니다. 따라가 밭 가에 앉아 있으면 따가운 햇볕에 너무 괴롭습니다. 빈 오두막집에 혼자 있는 게 그나마 낫습니다. 벌과 나비가 날아다니는 모습은 일상이니 전혀 흥미롭지 않습니다. 큰 풍뎅이가 방안에 들어와 왱왱거리고 파리떼가 시신인 줄 알고 끈질기게 달라붙으니 낮잠을 잘 수도 없습니다. 우두커니 앉아 있으면 문지방 가까이 구렁이가 스렁스렁 기어갑니다. 기겁하여 낡은 문을 닫고 오돌오돌 떨 뿐입니다.

　어느 해 초여름 오후, 느닷없이 엄마가 왔습니다. 어떻게 만났는지 모르겠지만 지게를 진 남자와 함께입니다. 인삼을 팔러 다니는 사람이었습니다. 가느다란 뼈에 가죽만 남은 자식의 몰골이 안타까워 인삼 장수를 데리고 온 것입니다. 햇보리 퍼주고 푸른 이끼 덮은 인삼을 받으려는 순간 할아버지가 마당에 들어섭니다. 눈치를 챈 할아버지의 벽력같은 고함이 연거푸 찌렁대고 벌건 얼굴로 엄마가 쩔쩔 변명하지만 소용없습니다. 장수는 보릿자루 팽개치고 인삼을 거두어 순식간에 달아납니다. 풍비박산입니다. 엄마는 한참 동안 눈물을 펑펑 쏟고 일어나더니 요기도 않고 돌아갑니다. 나는 미칠 것 같았습니다. 엄마가 더 미웠습니다. 이런 사달을 만든 게 엄마라고 여겼기 때문입니다. 울고 떠난 엄마도 참 불쌍합니다. 뒤뜰로 돌아가 울면서 또 미물들을 괴롭힙니다.

　그해 겨울, 벌건 저녁노을이 걸린 수구재를 만삭의 엄마가 내려옵니다. 울고 떠났던 엄마가 차가운 땅거미를 밀며 설설 기어서 내려옵니다. 삼척 읍내 다섯 식구가 사는 됫박만 한 방에서 해산할 수는 없기에 어쩔 수 없이 산중 우리 집에 온 것입니다. 이틀 후쯤 출산할 줄 여겼을 겁니다. 살얼음이 깔린 수구재에서 그만 넘어져 아픈 배를 부여안고 기어온 것입니다.

　저녁도 못 먹고 엄마는 식은땀을 흘리며 산통을 꽉 깨뭅니다. 상황을 판단한 할아버지는 십 리 떨어진 삼촌 집으로 피신합니다.

　겨울밤 생살을 찢고 날뛰던 엄마의 산통은 바람벽을 뚫고 날아가 감나무 마른 가지에 걸려 몸부림칩니다. 일곱 살 내 그림자는 희미한 등잔불 저켠에서 문고리를 붙잡고 바들바들 떱니다. 얇은 할머니의 실루엣만 동동거리고 가볍습니다. 도저히 엄마 같지 않은,

단말마의 몸부림 같은 길고 긴 신음의 시간이 하염없이 흐릅니다. 비릿한 냄새가 확 풍기고 미끈한 액체가 발바닥을 적실 때 기어이 참았던 울음을 꿀럭꿀럭 토하고 말았습니다. 그때 엄마도 사산으로 끝을 냅니다. "지지배다." 낮고 축축한 할머니의 말 한마디가 아련합니다.

새벽 퀴퀴한 어스름 속에 마주친 그 무엇, 죽음. 아무도 울지는 않았습니다. 할머니는 호미를 챙겨 들고 아장걸음을 끌고 새벽을 털며 불룩한 망태를 지고 나갔습니다.

엄마는 가슴을 풀어 젖을 짜고, 깡마른 내 손을 끌어 마시라 합니다. 퀭한 눈망울, 엄마의 애원이 무서워 부들부들 떨며 사발을 듭니다. 둥둥 떠 있는 그 무엇, 여린 죽음. 그만 사발을 놓치고 엉엉 웁니다. 엄마도 꺼억꺼억 웁니다. 문풍지가 무섭게 떨었습니다. 기껏 두어 평 공간에서 생긴 일입니다.

그날 밤 그 처절한 살풀이로, 내 삶의 고비마다 가시덤불 치워준 뜨거운 핏줄 세 여자. 아, 구천 어디메쯤 가 있을까요.

몹쓸 사춘기 시절에서야 잠깐 엄마와 살았습니다. 짜증 내고 속만 썩이다가 아주 헤어졌습니다. 심신의 고갈로 엄마는 쉰 넘어서부터 병치레가 심했습니다. 추석날, 병석에서도 애타게 기다린 듯 물끄러미 나만 쳐다봤습니다. 돌아가겠다고 하니 갑자기 엄마는 경련을 일으켰습니다. 난생처음으로 엄마를 안았습니다. 곧 눈을 감고 털썩 손을 놓으시더군요. 고맙다는 말도, 사랑한다는 말도 한 번도 못 드렸는데 말입니다.

해바라기들의 합창

유혜자

R작가가 해바라기 사진액자를 후배 출판사에 갖고 왔다. 해바라기를 걸어놓으면 재물운이 온다고 잘 보이는 곳에 걸라고 했다. 물기를 머금은 노란 꽃잎이 생동감 있어서 보기 좋다고 했더니 내게도 한 점 보내줄까 묻는데 선뜻 대답을 못했다.

나는 젊은 시절에 읽은 함형수(咸亨洙 1914-1946) 시인의 〈해바라기의 비명碑銘〉 "나의 무덤 앞에는 그 차가운 빗돌을 세우지 말라/ 나의 무덤 주위에는 그 노오란 해바라기를 심어 달라/ …"고한 구절로 해바라기라면 먼저 죽음이 연상되었다. 그리고 유언 같은 이 시는 시인이 요절할 것을 예감했는가 짐작했지만 젊었던 나는 죽음과 무덤 얘기가 나오는 멀게 느껴졌었다. 시 전체를 보면 암울한 일제식민지 치하에서 의 함 시인이 싱싱한 생명력과 삶에 대한 의지를 나타낸 절창이라고 감탄하면서도 앞 구절 때문에 해바라기는 죽음이라는 이미지가 강하게 남았다.

함 시인은 함경도 경성 출신으로 중앙불교전문학교 문과를 수학, 미당 서정주 시인과 '시인부락' 동인으로 창간호(1936)에 〈해바라기의 비명〉으로 문단에 데뷔했다. 미당과 함께 서울 통의동에 있는 '보안여관'에 한동안 기거하며 울분을 삼키고 문학에 대한 꿈을 키웠다. 1940년, 동아일보 신춘문예에 시 〈마음〉으로 당선하고는 고향에 가서 교편을 잡았지만, 가난과 정신착란증으로 33세에 돌아갔다. 그의 시는 10여 편에 불과하다 해서 아쉬웠다.

나는 생퉁맞은 점에서 더욱 그를 잊을 수 없었다. 동국대학교의 전신인 중앙불교전문학교를 나온 함 시인. 그보다 1년 위인 미당과 함께 학교에 다녔는지는 모르겠지만 나는 동문 20여 년 선배라는 것으로 유치하게 친근감이 들었다. 그리고 〈해바라기의 비명〉을 처음 읽었을 때는 몰랐지만 함 시인이 미당과 함께 머물렀다는 보안여관에 고교 1년 때 서울에 수학여행 와서 묵었던 여관이기도 하다. 당시 그 여관방에는 시 대신 로렌스 올리비에 주연의 영화 《폭풍의 언덕》의 흑백 포스터가 붙어 있던 것이 잊히지 않는다. 보안여관은 서울 최초의 여관으로 지금은 전시회장이 되었다고.

이래저래 함 시인의 〈해바라기의 비명〉과의 인연을 간직한 몇 년 후, 영화 《해바라기》(빅토리아 데시카 감독 이탈리아, 프랑스 영화 1970년 작 국내개봉 1980)에서 우크라이나 벌판에 흐드러지게 피어있는 해바라기의 가슴 아픈 영상을 보았다. 해바라기 한 그루마다 이탈리아 병사 한 사람씩 묻혀 있고, 독일 나치가 포로들에게 자기가 묻힐 구덩이를 파게 했다는 잔인함.

그런데 이런 전쟁의 비극을 생각나게 하는 러시아의 우크라이나 침공, 지난 2월(2023년)에 시작된 우크라이나 전쟁이 6개월이 지났다. 6 25전쟁을 겪고 피난지에서 고향에 돌아왔을 때, 폐허가 된 운동장 구석에서 피어 있던 해바라기가 위로와 희망을 주었다고 글을 쓴 적이 있다.

나도 해바라기가 죽음이라는 이미지를 씻어내야 하지 않을까. 해바라기는 우크라이나 국화이다. 해바라기가 국화였던 러시아는 1998년에 카밀라(캐모마일)로 국화를 바꿨다고 한다. 우크라이나의 국화인 해바라기에 대한 이미지를 바꾸고 우크라이나의 승리를 기원해야겠다.

요즈음 시 〈해바라기의 비명〉을 다시 읽어보니 시의 후반부인

"노오란 해바라기는 늘 태양같이 태양같이 하던 화려한 나의 사랑이라고 생각하라./ 푸른 보리밭 사이로 하늘을 쏘는 노고지리가 있거든 아직도 날아오르는 나의 꿈이라고 생각하라,/…"를 보면서 보리밭에서 죽음을 초월하고자 하는 의지를 읽을 수 있고, 뜨거운 생을 향한 강한 의지를 나타내고 있음을 느꼈다. 시인의 이런 벅찬 희망과 정열보다도 서두의 인상이 강렬해서 해바라기를 죽음의 이미지로 고정시켰던 나의 오해를 풀어야 할 때이다.

신경림 시인도 "죽음을 노래하고 있지만 빈센트 빈 고흐의 그림만큼이나 색채가 강하다. 노오란 해바라기-푸른 보리밭-하늘을 쏘는 노고지리로 이어지는 이미지에서는 강렬한 생명의 냄새가 난다. 채 물감이 마르지 않은 짙은 색깔의 유화 한 폭을 보는 것 같다."고 해서 반가웠다.

고통 받는 우크라이나인들을 위한 자선 콘서트가 세계 여러 곳에서 열리고 있다. 나는 지난 7월 29일 베를린에서 열린 콘서트 영상을 TV에서 보았다. 평화를 기원하고 난민들을 위한 콘서트 서두에서 우크라이나 국가의 합창을 듣고 숙연해졌다. 두 아기를 데리고 피난 온 우크라이나 가수 안나 콘스탄티노바가 고국에 남은 남편과 부모를 생각하며 '군인 간 아들을 기다리는 어머니의 노래'를 부르는 것을 보며 가슴이 뭉클했다. 인터뷰에서 "내 고국의 미래가 있길 원하고 희망합니다. 이 힘든 전쟁이 끝나기를 바랍니다. 평화가 있고 더 이상 사람들이 희생되지 않기를요."라는 말에 시청자들도 깊이 공감했으리라.

콘서트에 참가한 합창단원들은 모두가 불꽃같은 꽃잎으로 둘러싸인 해바라기처럼 열성적이었다. 한 사람 한 사람이 상한 이파리 하나 없이 싱싱한 불꽃같은 해바라기가 되어 노래를 부르고 있었다. 간절한 희망과 소원을 담은 합창으로 감동을 준 콘서트. 나는 R작가에게 불꽃같은 이파리가 **빽빽한** 생기 넘치는 해바라기 사진을 부탁해야겠다. 그 사진을 보며 더 이상 한 사람이라도 상하지 않고 우크라이나전쟁이 끝나기를 기원해야겠다.

따뜻한 훔쳐보기

이명지

문득 혼자라고 느껴질 때 한 권의 사진집을 꺼낸다. 헝가리 출신 사진작가 앙드레 케르테스(André Kertész)의 〈ON READING〉이다. 표지를 넘기면 삶의 이면을 비추는 따뜻한 시선이 담긴 사진들이 펼쳐진다.

허름한 담벼락 아래 흙투성이 세 소년이 맨발로 쪼그려 앉아 책 한 권을 함께 들여다본다. 길거리 담벼락에 의자를 내어놓고 앉아, 고개를 90도로 꺾어 무언가를 읽고 있는 할머니. 예쁜 커튼이 드리워진 창틀에 앉아 책을 읽고 있는 단아한 여인. 무대 의상이 걸린 분장실의 긴 의자에 엎드려 책을 보는, 피에로 복장을 한 배우의 모습도 있다.

창틀이나 베란다에 앉아 조각 햇볕을 쬐며 책을 읽거나, 옥상에서 일광욕하며 독서하는 사람들을 먼 거리에서 포착한 사진도 있다. 모두가 '읽는 중'이라는 공통점 하나로 연결되어 있지만, 각기 다른 장면 속에 담긴 삶의 이야기는 제각각이다. 남은 생의 시간이 얼마 되지 않아 보이는 노인이 침대에 앉아 책을 읽고 있는 모습은 그중 가장 먹먹한 사진이다. 얼굴엔 고요한 평온이 깃들어 있고, 책을 든 손엔 숭고함 마저 느껴져 마음에 잔잔한 감동이 밀려온다. 무언가에 깊이 몰입하고 있는 사람의 모습처럼 아름다운 것이 있을까.

사진작가인 아들에게 자랑하듯 책을 보여주니 고개를 절레절레

흔들며 말한다. "이젠 이런 사진 못 찍어요. 초상권 침해야." 감동의 여운을 싹둑 자르는 뜻밖의 반응에 실망감이 들었다. 책을 무릎위에 올려놓고 다리만 찍은 사진을 보며 "이런 사진 찍다간 몰카범죄자 되기 딱이지"하며 농담처럼 말했지만, 복잡한 현실 인식이 느껴져 우리는 함께 씁쓸해졌다.

딸아이는 유치원에 입학하는 손녀에게 다른 사람의 호의를 함부로 받아들이면 안 된다거나 몸에 손을 대면 "안 돼요!" 하고 소리쳐야 한다며 사람 조심시키는 법을 먼저 가르쳤다. 무엇이 사람을 이렇게 이간시켰을까. 사랑과 믿음만 가르쳐도 모자랄 어린아이에게 의심과 경계부터 가르쳐야 하는 세상이 서글프고 안타깝다. 사람 사이의 정과 따뜻함은 이제 무엇으로 표현해야 하는 걸까.

그래도 나는 여전히 누군가 책을 읽고 있는 모습을 보면, 눈길을 떼지 못한다. 책장을 넘기는 손끝의 조심스러움이나 페이지에 잠긴 고요한 얼굴로 세상의 시끄러움에서 잠시 비켜서서 고독의 단맛을 즐기는 장면을 마주하면 나도 모르게 숨을 죽이고 그 사람의 시간을 살짝 훔쳐보고 싶은 충동이 인다.

'훔쳐보기'는 우리 안에 오랜 세월 숨어 있는 본능이다. 중세 영국의 전설에도 훔쳐보기가 등장한다. 바로 '레이디 고다이바' 이야기다. 남편 영주가 책정한 과도한 세금에 고통받는 백성을 위해 영주의 젊은 아내 고다이바는 남편에게 항의한다. 그러자 남편은 비웃듯 말한다. "당신이 벌거벗고 영지를 한 바퀴 돌면 세금을 깎아주지." 영주는 그녀가 감히 그럴 수 없을 거라 생각했지만, 그녀는 긴 머리카락으로 겨우 몸을 가린 채 말을 타고 거리로 나섰고, 백성들은 존경의 마음으로 창문을 닫고 커튼을 내렸다. 그러나 몰래 내다본 한 남자가 있었으니 양복점 점원 '톰'이었고 그 순간 눈이 머는 벌을 받았다고 전해진다. 이후 영국에서는 다른 사람을 엿보는 호색한을 피핑 톰(Peeping Tom), 즉 '훔쳐보는 톰'이라 부른다.

어쩌면 훔쳐보기의 원조는 예술이 아닐까. 에두아르 마네의 〈풀밭 위의 점심〉을 보면, 숲속에서 소풍을 즐기는 남녀의 모습이 그려져 있다. 옷을 입고 있는 두 남자와는 달리, 벌거벗은 여성이 우리를 응시한다. "뭘 봐?"하고 묻는 듯한 그 시선은 우리가 보는 동시에 누군가에게 보여지는 존재라는 사실을 깨닫게 한다. 나는 거기서 그 두 존재를 모두 지켜보고 있는 또 한 사람, 마네의 시선도 느낀다.

훔쳐보기는 단지 '보는' 행위가 아니라, '해석하는' 행위다. 카메라의 렌즈 너머에서, 붓끝에서, 글자의 행간에서 타인의 삶을 몰래 들여다보며 그 안에서 자신의 감정에 말을 걸어오는 무엇을 발견할 때 이야기가 시작된다. 예술도 결국 사람의 이야기이기에 궁금하고 감동하고 끌리는 것이다.

너무 많은 경계가 사람과 사람 사이를 멀게 만들고 있는 요즘이다. 케르테스의 사진들이 따뜻한 이유는, 삶의 행간을 들여다보는 진지한 시선에 사랑이 깃들어 있어서다. 피사체인 대상에 무례하지 않고, 다가가는 대신 멀리서 지켜보며 그들의 고요를 존중하고 있는 것이 느껴져서다. 그것은 따뜻한 훔쳐보기였다.

나는 1970년대에 찍은 이 흑백 사진집을 곁에 두고 자주 꺼내본다. 어쩐지 쓸쓸해서 의지할 데 없는 고독에 잠긴 날이면 혼자의 고요함이 얼마나 귀한지를 깨닫게 해주어 좋다. 사진 속 시선을 따라가다 보면 내 안의 오래된 이야기, 다정함, 그리움 같은 것들이 되살아나 따뜻해진다.

오늘도 나는 책을 읽고 있는 누군가를 조용히 훔쳐본다. 도서관 계단에서, 서점의 땅바닥에서, 카페에서 그들이 읽는 책 속 이야기는 어떤 것일까? 어떤 사람의 이야기에 그토록 빠져 있을까? 독자

로서의 궁금증이자 작가로서의 호기심이다. 어쩌면 그들에게서 나를 읽고 싶은 건지 모르겠다.

마이 웨이의 삶

이신백

어느새 희수喜壽에 이른 나이다. 인생무상을 절감하게 된다. 청춘으로 되돌릴 수 없는 인생길, 저녁노을에 물든 황혼을 바라보며 쉼 없이 달려온 생애를 뒤돌아보는 것은 서글픈 일이다.

노령에 인생을 숙제처럼 여기지 않고 축제처럼 즐기기 위해서 어떻게 살아야 할까. 세상이 원하는 기준이 아니라 내 기준으로 나답게 살기 위해선 어떻게 해야 할까. 좋아하는 일을 하며 멋지게 사는 삶이란 어떤 삶일까. 최근 떠오른 주제이다.

노벨문학상 수상자 앙드레 지드(Andre P.G. Gide·1869-1951)는 "늙기는 쉽지만 아름답게 늙기는 어렵다"고 했다. 인간은 누구든 늙게 마련이다. 인간이 늙는다는 것은 자연현상이지만 아름답게 늙는다는 건 개개인의 선택사항이자 노력 여하에 달려있다. 아름다운 늙음은 대단한 노력이 필요하다. 주변을 살펴봐도 그냥 늙어가는 사람은 많아도 아름답게 늙는 사람은 많지 않은 것 같다. 그만큼 아름답게 늙기란 어렵고도 힘든 과제다. 아름다운 노령의 삶은 윤택해 보이기도 한다. 건강이 없으면 모든 것을 다 갖추어도 무슨 소용이란 말인가. 21세기 혁신의 아이콘 스티브 잡스(Steeve Jobs·1955-2011)가 이를 말해준다.

고대 그리스 철학자 아리스토텔레스(Aristoteles·BC 384-322)는 "행복이 삶의 의미이자 목적이며 인간 존재의 총체적 목표"라고 했지만, 노령에 건강한 육체에 건강한 정신으로 아름답게 늙어가는

가운데 후회 없는 죽음을 맞는 것이 가장 바람직한 모습이 아닐까 한다.

나름 마이 웨이(My Way)의 삶에 대해 생각해 본다. 남성 평균 수 명인 83세까지 산다고 가정해보면 살아갈 날이 10년이 채 안 된 다. 사람이 살아가면서 청소년 시대를 지나 고용 정년, 일(직장, 사 업)의 정년, 인생 정년 즉 죽음 등 세 번의 정년을 맞게 된다고 본 다. 사반세기 전 직장 정년이 끝난 이래 경제활동을 해온 기간은 짧고 질은 보잘것없다. 하지만 그동안 취미활동, 국가와 사회공헌 활동은 다양하고도 지속적으로 계속한다. 몸과 혼을 바쳐 일한 직 장에서 능력과 실적을 무시한 이럴 수가! 하는 퇴행적인 인사 관행 때문에 지천명知天命을 갓 지난 나이에 극심한 우울증으로 (강제) 명퇴 당하는 불운을 겪어야 했다. 피폐해진 몸과 정신을 병원 도움 없이 온갖 노력 끝에 건강을 회복했다. 건강한 식습관과 꾸준한 운 동을 통하여 육체적 정신적 건강을 유지하며 사회공동체에서 활동 할 수 있는 현실이 나의 '소확행(작지만 확실한 행복)'이다. 영육靈 肉 간 건강을 유지하며, 하고 싶은 일을 하고, 먹고 싶은 것을 먹으 며, (쉽지 않지만) 가고 싶은 곳을 가 보고, 실용적인 것과 시대 상 황에 필요한 것을 배우며, 누구에게 손 내밀지 않고, 주변의 눈치 를 살피지 않고, 노(No) 해야 할 때는 노라고 하며 사는 삶이 바람 직한 삶이라는 생각이다.

'무소유'의 법정(法頂·1932-2010) 스님은 산문집에서 '우리는 자신 의 꿈과 이상을 저버릴 때 늙는다. 세월은 우리 얼굴에 주름살을 남기지만 우리가 일에 대한 흥미를 잃은 때에는 영혼이 주름지게 된다'고 했다. 하지만 초대받지 않은 이 세상에서 살다간 흔적은 남기고 싶은 게 인지상정 아닐까. 그것이 곧 인간이 아등바등 살아 가는 이유인지도 모른다.

소박한 소망은 인생 정년에 다다르기 전 버킷리스트를 끝내는 것이다. 수필집, 자서전, 시집 등 3종 세트 발간이 그것이다. 서재가 있고 건강이 열정을 뒷받침해 주는 한 가능한 일이라고 본다.

'마이 웨이'는 미국의 유명한 가수이자 배우 프랭크 시나트라(Frank Sinatra·1915-1998)의 히트 곡 제목이기도 하다. 직장생활 시절 일에 치어 '빨리 빨리'를 탈피하고 스스로 만든 중·장기 계획에 따라 액티브 시니어의 면모를 유지하며 목표를 향해 뚜벅뚜벅 걸어간다. 서산대사(休靜·1520-1604)는 '인생'이란 시에서 '세상살이 다 거기서 거기요' '외로움이 아무리 지독해도 눈보라일 뿐'라고 읊었다. 역시 금잔디의 노랫말처럼 '여여如如'로 살다가 떠나는 인생길에 잘난 인생, 못난 인생 큰 차이가 없는 듯하다.

최근 뜻밖에 KBS 1TV 생로병사의 비밀 팀으로부터 신체적 유연성이 좋은 건강한 노인으로 선정되어 프로그램에 출연하는 기회(10월 1일 밤)를 얻었다. 저녁 식사 때면 가끔 반세기 전의 히트 곡 마이 웨이와 가요 여여, 민요 등 노래 들으며 외로움을 달래며 파이팅!을 외쳐본다.

입춘

이흥수

　기다리던 봄은 언제나 쉽게 찾아오지 않았다. 추운 겨울 동안 얼었던 몸과 마음을 녹여줄 따스한 봄 마중에는 늘 심술궂은 꽃샘추위가 한바탕 기승을 부린다. 올해는 비교적 기온이 온화한 겨울을 보내다가 입춘부터 아침 기온이 영하 10도를 웃도는 매서운 최강 추위가 열흘 가까이 지속 되었다. 갑자기 닥친 늦은 한파로 올겨울 처음 한강의 결빙이 관측되었다는 기상청의 보도다. 유례없는 입춘 추위가 당혹스럽지만 봄은 어김없이 우리 앞에 한 발짝씩 다가오고 있다.

　이번 주는 한겨울을 방불케 하는 입춘 추위와 전국 곳곳에 탐스러운 함박눈까지 펑펑 내렸다. 국내외의 여러 가지 어수선한 사회 분위기와 한파로 너도나도 심한 한기와 불안함을 호소하고 있다. 사람들은 춘래불사춘(春來不似春)이라는 말을 공감하며 아직도 봄이 저만치 멀게만 느껴지고 있다. 더구나 노인들은 외출을 자제하라는 보도가 연일 T,V 자막에 뜬다. 집 주위를 걷는 일도 쉽지 않아 답답한 마음을 달래며 하루하루를 지탱하고 있다. 자연은 녹지 않은 하얀 눈이 덮인 땅속에서도 새싹을 밀어 올릴 준비를 부지런히 하고 있다. 사람들은 나날이 눈앞에 보이는 편리함만 추구하며 아름다운 창조 질서를 파계하고 혼란으로 빠트릴 궁리를 한다. 그 결과는 예측할 수 없는 극심한 기후의 변화와 식량의 위기로 차츰 인류의 생존까지 위협받고 있다.

오늘은 추위가 다소 누그러져 눈부신 봄 햇살이 환하게 퍼진다. 새삼스럽게 궁핍한 생활 속에서도 용기를 잃지 않았던 젊은 날의 봄이 눈앞에 어른거린다. 60년대 중반 사회의 환경은 열악했지만 오염되지 않은 청정한 자연을 공유할 수 있었다. 봄이 오면 마스크를 하지 않아도 아지랑이가 피어오르는 공원을 산책하고 등산도 하며 마음껏 숨 쉴 수가 있었다. 더 나은 내일을 위해 최선을 다하면 소박한 꿈이 이루어진다는 희망이 있었다. 60년대부터 경제의 기틀이 마련되고 도약하는 시기에는 어렵사리 대학을 졸업하면 대부분 직장을 구할 수가 있었다. 그때부터 부모님께 의존하지 않고 성실하게 생활하고 절약하며 스스로 작은 것부터 하나씩 이루어가는 보람도 있었다.

요즘 MZ 세대는 단군 이래 최고의 스펙을 가진 젊은이들이다. 사회적으로 경제적 기반을 갖춘 시대의 부모들은 자식들의 미래를 위해 아낌없이 교육에 투자한 세대다. 극심한 어려움을 모르고 성장하고 디지털에 능숙한 세대들은 "일과 삶의 균형"을 중요시하는 꿈과 현실의 차이로 쉽게 직장에 정착하기가 힘들다. 전 세계에서 대졸자 비율이 가장 높은 나라가 된 지금 사회는 불황의 늪에 빠져 고학력의 눈높이에 맞는 임금 수준이나 근로 조건의 일자리가 턱없이 부족한 현실이다. 봄을 맞이하여 희망에 부푼 직장으로 새 출발을 하는 청년들보다 졸업을 미루고 취업을 위해 아니면 전문직 자격증을 취득하기 위해 도서관에서 종일 책과 씨름하는 청년들이 넘쳐나는 안타까운 시대다. 또 앞날을 위해 공부를 하거나 직업훈련도 받지 않고 그냥 쉬고 있는 니트족들을 바라보며 뒷바라지하는 부모들의 삶은 상상만 해도 지치고 힘들다.

해가 지기 전에 오래간만에 아파트 주위를 산책하러 나갔다. 사람들이 다니는 길은 눈이 녹았지만 언덕에는 잔설이 여전히 하얗게 남아 있다. 평소 자주 걷기 운동을 하던 이웃들과 그동안 못다 한 이런저런 대화를 나누며 걸었다. 모두 한결같이 여러 가지로 살아가기가 만만치 않아 힘들다고 하소연한다. 손자 세대들의 취업이 늦어지면 자연이 결혼도 미뤄지고 그 손자들을 감당하는 자식들은 자기들의 삶이 버거워 부모들을 물심양면으로 돌볼 엄두를 못 낸다. 늙고 힘없는 노인들은 점점 소외되어 비참하고 외로운 생활을 이어가고 있다. 현시대는 청년들의 구직난과 저출산 고령화로 노동력이 감소 되고 노인들이 고립되는 삶이 서로 실타래처럼 엉켜있다.

해가 저물수록 싸늘한 바람이 옷깃을 스친다. 아직 봄을 기대하기는 이른 듯 가혹하리만치 더디게 오는 봄을 그리워하며 집으로 오는 발걸음이 빨라진다. 많은 시간을 살아오면서 겨울이 선뜻 물러서기 싫어 제아무리 몸부림을 쳐도 때가 되면 봄은 나날이 조금씩 우리 곁으로 다가온다. 머지않아 새싹이 움트고 꽃이 피는 봄을 기다리며 하루하루 어려움을 견디며 살아왔다. 혹한의 입춘을 이겨낸 힘으로 오늘날 겪고 있는 사회의 혼란도 모든 세대가 현실을 직시하고 서로 마음을 열고 소통하고 지혜를 모아 잘 헤쳐나갈 수 있으리라 믿고 싶다. 세계의 흐름에 뒤떨어지지 않도록 절실한 문제부터 하나씩 풀어나가 청년들이 꿈을 펼칠 수 있는 따뜻한 을사년의 입춘이 되었으면 좋겠다.

열 번 넘어지면 열한 번 일어서서

차옥혜

자정을 알리는 시계 초침과 함께 한 해가 막 가고 지금은 새벽 0시!

새해가 왔음을 알리는 종로 보신각 종소리가 어둠을 깨치며 깊고 넓게 울려 퍼집니다. 새해의 기원을 종소리에 담고 싶어 보신각 주변에 몰려든 군중들이 환호합니다. 연이어 전파를 타고 전국의 명사찰에서 울리는 종소리가 나의 마음 구석구석에서 메아리칩니다.

떨리는 손으로 후회와 반성으로 얼룩진 헌 달력을 떼어내고 새것을 매답니다.

1월 1일! 몇 번이나 보아온 활자인데도 또다시 가슴을 설레게 합니다. 조용히 눈을 감고 묵상합니다. 지금은 캄캄한 밤이지만 새해라는 그 말 한마디에 내 마음엔 벌써 해가 뜹니다.

지난해가 아무리 힘들고 고통스러웠을지라도, 번번이 해마다 새해 아침에 꾼 꿈이 허망했을지라도 나는 또다시 오뚜기가 되지 않을 수 없습니다.

생각해 보면 새해가, 봄이나 여름에서 시작하지 않고, 한겨울 혹독한 추위 한복판에서 시작하는 것은 사람에게 고무적인 일입니다. 겨울 없이 어떻게 봄이 오겠습니까? 나는 오히려 황량한 겨울 벌판에서 그 어느 때보다 무한한 잠재력과 희망을 발견합니다. 이것이 내가 사계절 중에 겨울을 제일 좋아하는 까닭입니다.

기독교 성서인 구약 창세기의 맨 첫 쪽엔, 하느님께서 태초에 이 세상을 창조하실 때 제일 먼저 하신 일이 혼돈과 어둠뿐인 공간에

"빛이 있으라" 명하여 빛을 만드셨다고 쓰여있습니다. 하루가 한밤중에서 시작하여 한낮을 지나고, 일 년이 한겨울에 시작하여 여름을 지나도록 한 것은, 옛사람들도 모든 자연의 섭리가 어둠에서 빛을 향하고 있다는 사실을 태초부터 터득하였다는 증거가 아닐까 합니다.

나는 아파트 베란다에 수선화과에 속하는 아마릴리스라는 화초를 길렀습니다. 날씨가 추워져서 실내로 옮겼는데 이내 곧고 우아하게 자라던 가지와 잎이 처졌습니다. 처진 잎을 잘라내니 얼마 후 다시 새잎이 돋았습니다. 그런데 새로 솟은 잎도 시들해집니다. 이번엔 그런 새잎이 가엾어서 잘라내지 않고 창이 있는 쪽으로 화분을 옮겨주었습니다. 며칠이 지나니 아마릴리스의 잎이 다시 고개를 들고 일어나기 시작했습니다. 나는 그제야 잎이, 쓰러진 것이 아니라, 빛을 향하여 전력으로 몸을 눕혀 뻗어갔다는 것을 알았습니다. 잎은 빛에 조금이라도 더 가까이 가기 위해서 몸부림친 것이었습니다. 햇빛이 부족한 실내에서 조금이라도 더 탄소동화작용을 해야만 생명을 유지할 수 있기 때문이지요. 이렇게 말 못 하는 식물도 빛을 찾아 헤매는데 사람이야 말해서 무엇하겠습니까?

사람은, 보이는 세상의 빛뿐만 아니라, 한 차원 더 높은 보이지 않는 세상과 마음을 비춰줄 쨍쨍한 빛을 찾아 온몸의 촉각을 곤두세우는 본능을 가지고 있다고 여겨집니다. 때때로 나는 빛을 찾아 고행한 세상의 선각자들을 떠올립니다. 역사는 사람이 빛을 추구해 가는 긴 행로가 아닐까요.

나는 허리가 아파서 용하다는 장님 지압사를 찾아간 일이 있습니다. 그분은 비록 앞을 못 보지만 마음에 밝은 눈을 가지고 있었습니다. 그분은 말할 수 있는 입과 지압을 통해 다른 사람의 병을 고칠 수 있는 손이 있음을 감사하였습니다. 더욱 놀라운 일은 그분은 눈뜬 나보다 훨씬 정확하게 서울의 지도를 알고 있었습니다. 그분의 머리 안 지도엔 수시로 새로 생긴 서울의 동네나 건물까지 첨가되고 있었습니다. 그분은 종로구에 있는 자기 집에서 여의도 어느 아파트나 서초동 어느 주택에 버스나 전철을 갈아타며 환자를 찾아 출장도 갑니다.

장님 지압사를 보면서 나는 내가 눈이 있으나 마음의 눈이 없는 장애인인 것을 알았습니다. 마음에 빛이 없어 나는 많은 것을 가지고도 보지 못해 늘 허전했습니다.

아마릴리스는 꽃대가 솟아나면 꽃이 필 때까지 한 20여 일 물을 주지 않아야 좋은 꽃을 피운다고 합니다. 또 새싹이 나면 잎이 10cm쯤 자랄 때까지 물을 주지 않아야 좋다고 합니다.

목마름 속에서 더 이쁜 꽃을 피우는 아마릴리스나, 눈이 없어도 마음속 빛으로 세상을 비추며 감사하고 살아가는 장님 지압사처럼, 인간은 수난을 통하여 진리에 더욱 가까워지고 마음에 빛을 채워 평화와 자유를 얻게 되는 것이 아닌가 합니다.

나도 새해에는, 빛을 향해 열 번 넘어지면 열한 번 일어서서, 열심히 걸어가 아름다운 꽃 한 송이 피우고 싶습니다.

낯선 곳에서의 기억

허정자

　낯선 곳에서 생활해 보고 싶을 때가 있었다. 아무도 나를 모르는 곳에서 한줄기 바람처럼 잠시 머물다 떠나오고 싶었다. 마음만 먹으면 딱히 어려운 일도 아니건만 늘 꿈꾸며 살아간다. 무심한 듯 피어 있는 낮은 담벼락 밑의 작은 풀꽃들, 한적한 시골 돌담 골목 길이면 좋겠다. 어디쯤엔가 열린 대문 사이로 툇마루가 있는 집 안의 풍경을 바라보며 천천히 걸어 보고 싶다. 낯선 곳에서의 바람과 구름은 또 어떤 느낌과 모양으로 다가오며 지나가는 것일까.

　오래전, 파리 여행의 기회가 왔다. 한국수필가협회 해외 세미나 참가였다. 그동안 글을 전혀 쓰지 못한 채 흘러 버린 날들이 너무 많았다. 쓰지 않고는 견딜 수 없던 시절이 있었다. 쓴다는 것만이 내 삶의 전부이던 젊은 날이었다. 그런데 언제부터인가 게으른 생활에 젖은 나를 보았다. 내 자신을 돌아보며 재충전의 기회로 삼고 싶었다. 좋은 글을 쓸 수 있는 결정적인 계기를 마련하고 싶다는 것이 더 솔직한 고백이었다. 수필 공부 여행이라 마음이 편안하고 넉넉했다.
　한국과 영국 수필문학의 비교인 세미나는 영국의 런던에서 열릴 예정이었다. 런던에 가기 전 일행들은 파리에 먼저 들른 것이다.
　분명 내가 꿈꾸었던 낯선 곳이었다. 설렘 가득한 여행이지만 목적과 상황은 전혀 다르다. 낯선 풍물 보기에 바빴다. 짜여진 짧은 일정에 많은 것을 보고 느끼고 얻어야 하는 숨 가쁜 시간들이었다.

밤의 도시, 빛의 도시 파리다. 그 파리를 상징한다는 에펠탑은 밝은 조명으로 찬란하게 빛나고 있었다. 이 거대한 탑은 우뚝 솟아 그 위용을 자랑하고 있다. 황금빛으로 빛나는 밤의 에펠탑 전망대에서 반듯하게 정리된 시가지를 내려다보았다. 보석처럼 빛나는 도시는 천연색이 선명한 그림엽서처럼 아름다웠다. 파리와 프랑스의 상징이라는 에펠탑은 방향계의 역할까지도 한다던가. 에펠탑을 내려오면서 떠나지 않는 의문이 이어지고 있었다. 이곳 사람들은 언제부터 이런 예술적인 감각을 지니게 되었을까. 강변의 건축물과 주택들이 그림처럼 아름답다. 동화 속의 집처럼 아담하면서도 예술적인 감각이 깃들어 있었다. 회색빛으로 색의 통일성과 조화의 미를 이루며 예술의 도시임을 전하고 있었다.

낭만적인 분위기 때문일까. 노트르담 대성당은 또 다른 느낌을 주었다. 빅토르 위고의 작품이 영화화된 '노트르담의 꼽추'가 생각난다. 꼽추인 종지기 '안소니 퀸'의 개성 있는 얼굴이 떠오른다. 이룰 수 없는, 사랑하는 여인 에스메랄다 옆에서 삶을 끝내는 비극적인 내용이 가슴을 아리게 한다. 안소니 퀸이 처절하게 쳐 댔던 남쪽 탑의 종은 그 시대에 존재하지도 않았다고 한다. 그럼에도 노트르담 대성당 탑 어딘가에 그늘진 얼굴의 종지기 카지모도가 서 있을 것 같다는 어느 회원의 말에 우리는 크게 소리 내어 웃었다.

스쳐 지나는 모든 풍경에 시간과 공간을 담고 싶어 사진을 찍는다. 일행들이 함께 공유했던 사진은 훗날 또 하나의 추억으로 남겨질 것이다.

천국의 길, 낙원의 길이라는 샹젤리제 거리를 걸었다. 늦은 밤이었지만 거리엔 사람들로 넘쳐났다. 우리들은 싸늘한 바람이 불어오는 카페 앞 의자에 앉았다. 따뜻한 실내로 들어가지 않고 굳이 차가운 바깥에서 옷깃을 세우고 밤 풍경을 바라본다는 것은 어떤 의미를 담고 있을까. 곧 깨어날 알을 품고 있는 어미 새의 모습을 닮아 있었다. 오가는 사람들의 표정을 읽으며 뜨거운 커피를 한 모금 한 모금 천천히 마셨다. 조금도 막힘없는 유학생의 알찬 설명에 귀 기울이며 열심히 받아 적는 일행들의 모습은 문학성 짙은 훌륭한 작품을 잉태하려는 몸짓이 아닐까.

조경희 회장님은 생각날 때마다 우리에게 거듭 당부하셨다. "시대가 변하고 있다. 지금은 옛날처럼 가만히 앉아서 좋은 글 쓰는 시대만은 아니다. 발로 뛰면서 얻는 동적인 체험도 중요하다. 그 지방의 가장 특색 있는 점을 찾아 느끼고 분석하고 비교해야 한다. 그 사람만이 가지고 있는 독특한 글을 써야 하고 또 그렇게 쓰도록 노력하라"고 강조하셨다. 하긴 그렇다. 문학을 향한 광맥을 캘 때와 같은 간절한 염원이 밑바탕에 깔려 있지 않고는 좋은 작품 얻기가 어려울 것이다.

시각을 달리해서 바라본 샹젤리제 거리. 모든 것이 예술적인 멋과 감각이 넘쳐흐른다. 무심히 서 있는 광고판 하나에도, 심지어 쓰레기통까지도 같은 색으로 통일감을 주었다. 소품 하나에도 시각적인 효과를 나타내려고 한 흔적이 보였다. 생활 속에 자연스럽게 스며들어 있는 멋과 감각, 글쓰기에도 최선을 다해 공부하고 또 하다 보면 그런 흔적이 남지 않을까. 낯선 곳에서의 기억은 생각만 해도 미소가 떠오른다.

시집 『진달래꽃』 출간 100년,
소설 김소월

이정 장편소설

부르다가
내가 죽을 이름

이정 지음 | 값 18,000원

충남 홍성에서 태어나 주로 남한에서 활동한 한용운(1879~1944)의 행적에 비하면 김소월의 생애는 알려진 것이 거의 없다시피 합니다. 문인들과의 교유와 서울 나들이를 좀체 하지 않은 채 서른셋을 일기로 요절한 탓이겠으나 매우 안타까운 일입니다. 우리 겨레가 가장 사랑하는 시인의 생애를 몇 가지 개념적인 진술만으로 얼버무릴 수는 없는 일인데도 말입니다.

좀처럼 달랠 길 없는 이 아쉬움을 헤아렸는지 김소월 시인이 백 년의 시공을 건너 직접 찾아왔습니다. 지나는 길에 그냥 잠시 들른 것이 아니라 자신의 전 생애 그 하루하루 속에 간단없이 굽이쳤던 희로와 애환을 모두 데리고 우리 곁에 왔습니다. 아버지와 집안의 불행도 감추지 않고, 소녀와 나누었던 비련의 사랑도 숨기지 않고, 유학차 잠시 머물렀던 일본 도쿄에서 겪어야 했던 관동대지진과 그때 일본인들이 우리 겨레에게 벌였던 잔혹한 폭력의 양상도 고스란히 들려줍니다.

－윤효 시인·전 오산중학교 교장

이정 작가

2010년 《계간문예》 등단
장편소설 『국경』 『압록강 블루』 단편소설집 『그 여름의 두만강』 등
한국소설문학상 수상

전국 유명 서점 및 인터넷 서점에서 판매중
본사 주문도 받습니다

E-mail_chaekjip@naver.com   TEL_3142-1585

책만드는집

동국시집 52호

소설

뻐꾸기

임순월

창밖의 매미가 떼로 울어 젖히던 어느 날 아내는 놈을 데리고 들어왔다. 놈이 서있는 현관이 갑자기 훤해지는 것 같았다. 누구냐고 묻기도 전에 트렁크 두 개가 거실에 옮겨지고 울퉁불퉁한 비닐 자루가 신발장 앞에 놓였다. 아내는 주방과 화장실을 안내하고 나서야 내게 놈을 소개했다.

"오늘부터 저 방에서 살 사람이에요. 돈을 내고 사니까 함부로 하지 말아요. 당신보다는 나으니까."

'당신보다 나으니까'라는 말을 진짜로 했었나 싶을 만큼 황당했다. 도대체 무엇이 나보다 낫다는 건지 물어볼 수도 없어 현관의 비닐 자루에 시선을 던지고 있을 때, 아내는 덜 박힌 못을 마저 박듯이 한마디를 더 보탰다.

"한 달에 35만 원을 받기로 했어요. 외국인들은 여차하면 나가버리니까 건들지 말아요."

이번엔 '건들지 말라'는 말이 정확하게 들렸다. 그놈을 앞장선 아내가 캐리어를 끌며 '잠만 자는 사람이니 얼마나 좋아요.' 쉼표가 네 개씩이나 있는 문장을 읽듯이 리듬을 주었다. 그러고 보니 며칠 전부터 아내는 대청소를 했다. 어인 일인가 싶었다. 온갖 먹을 것을 묻어두고서 정작 먹을 때는 어디에 두었는지를 모르는 다람쥐처럼 쟁여 둘 줄만 아는 아내였으니 말이다. 작은방은 물론 베란다에 있던 옥 장판, 족욕기, 안마기까지 죄다 버렸다. 이제야 좀

쾌적하게 살겠군, 기대를 했는데 글쎄 놈을 맞이하기 위한 준비였던 것이다.

놈은 의도적인지 원래의 말투인지 모를 발음으로 인사를 했다.

"안녀하셔요. 반가습니다. 잘 부타합니다."

그러곤 곧바로 방향을 틀었다. 마치 오늘 이후론 나와 상대할 일이 없다는 듯이.

나는 놈을 보지도 않고 그렇다고 아내를 쳐다보는 것도 아닌 자세로

"어느 나라 사람인데?"라고 물었다.

"그건 알아서 뭐하려고요? 어차피 말이 통할 것도 아닌데."

"아니 그럼 한집에서 각자 벙어리로 산단 말이야?"

"말이 왜 필요해요? 영어도 할 줄 모르면서."

듣고 보니 맞는 말이었다. 그렇다면 영어도 할 줄 모르는 아내는 어떻게 놈을 집까지 데리고 왔을까? 놈은 아내의 대답이 당연하다는 듯 방으로 들어갔다. 참 이상한 일이었다. 한국말을 못하면 나와 아내의 대화를 못 알아먹을 텐데 놈의 행동을 보면 모든 걸 이해하는 눈치였다. 놈이 방으로 들어간 뒤 아내는 요리에 집중했다. 마치 아들놈이 살아있을 때 엉덩이를 실룩거리며 요리를 했던 모습과 비슷했다. 한 시간이 지났을까 방에서 놈이 나오더니 식탁에 앉았다. 흘깃 훑어보니 식탁에는 기다란 가지에 계란 옷을 입힌 부침개가 놓여 있고, 그 옆엔 새로 지은 밥 한공기와 여러 접시의 반찬이 차려져 있었다. 제법 먹음직스러운 밥상에 군침이 돌았다. 그런 식탁에 앉아본 지도 오래전 일이다. 자꾸만 콧숨이 냄새를 빨아들였다.

식사를 마친 놈이 자리에서 일어서자 아내는 남은 음식을 먹어치웠다.

'망할 놈의 여편네, 나는 입이 없나?' 점심에 먹다 남은 추어탕 국물에 밥을 한 숟갈 말아서 배를 채웠다. 국물이 졸아버린 추어탕은 소태처럼 짜고 텁텁했다.

속삭이는 깃발들

정선임

커피를 쏟고 말았습니다. 노트북 자판 위에요. 성지순례를 위해 엄마와 떠난 바티칸에서 구매했던 모카 포트로 막 내린, 아주 뜨거운 에스프레소였지요. 핑크색 맥북을 당신도 본 적이 있을 겁니다. 내가 리마에도 가지고 갔으니까요. 전원을 끈 맥북을 품에 안고 AS센터로 달려갔어요. 애플 센터를 찾아가려면 버스로 한참을 이동해야 했습니다. 직원은 제조 연월일을 확인하더니 세척만 해주고는 말했습니다.

여기에 돈을 쓰는 일은 무의미해요. 도저히 가망이 없는지를 한 번 더 확인하며 나는 덧붙였습니다. 이거 오래된 거예요. 그러자 직원이 무심히 대꾸하더군요. 그러니까요.

건조를 끝낸 맥북의 전원을 누르자, 다행히 부팅됐고 자판도 아직은 멀쩡했습니다.

직원은 서서히 기능을 상실하다가 멈출 거라고 하더군요. 어느 날 갑자기 스페이스 바가, 엔터키가, 자판이 하나둘 눌리지 않을 거라고. 커피는 ㅁㄴㅇㄹ쪽에 집중적으로 쏟아졌어요. 엄마라든가, 마음이라든가, 믿음이라든가 하는 말들을 더이상 쓸 수 없는 순간이 오겠죠. 마이라, 당신의 이름도요. 그리고 사랑이라는 말도요.

엄마가 꼭 그랬습니다. 청력을, 시력을, 기억을, 언어를 하나씩 잃어갔어요. 엄마는 정신이 돌아올 때면 당신의 안부를 물었습니다. 나는 알아보겠다고만 대답하고는 당신의 소식을 전하지 않았습니다. 어차피 그때뿐이니까요. 아무것도 기억하지 못할 테니까요. 센터 직원은 노트북에 있는 모든 데이터를 백업해두고 앞으로 중요한 작업은 하지 않는 게 좋을 거라고 했어요. 어느 날 돌연 전원이 켜지지 않을 수도 있는 노트북으로 무엇을 할 수 있을지 생각했습니다. 언젠가 당신은 나의 학창시절이 어땠는지 물어봤었지요. 나는 수업시간에 공부를 열심히 하진 않았지만 그렇다고 졸지도 않는 학생이었어요. 다만 편지를 썼습니다. 옆자리 친구에게, 짝사랑하는 사람에게, 아빠라고 상상되는 인물에게. 너무 가까워서 멀리 있어서 혹은 알지 못해서 전할 수 없는 이야기들을 적었지요. 보내지 못한 편지와, 상대방이 보내온 답장을 오랜만에 꺼내볼 때마다 창피해졌어요. 나는 왜 그런 마음들을 군이 편지지에 적으려고 했던 걸까요. 그때는 정성껏 옮겨 적었지만 이제는 좋아하지 않는 유치한 시구절에 대해서도 생각했지요. 당시에는 마음을 움직였던 문장들이 지금은 왜 아무 힘도 발휘하지 못하는지 궁금해하면서.

당신은 내가 편지를 썼던 사람 중에 아마도 가장 멀리 있는 존재일 겁니다.

마이라, 당신은 어디쯤 있습니까?

형지는 여기까지 쓰고 일어나 창밖을 내다보았다. 어스름이 밀려오는 광장에 깃발을 든 사람들이 하나둘 모이고 있었다. 기차역과 버스터미널을 기점으로 펼쳐지는 커다란 부채꼴 모양의 광장이었다. 충청도 이남에 있는 공주시로 들어서기 위해서는 누구든지 이 광장을 지나야 한다.

형지에게 기억이랄 것이 생기기 시작한 무렵부터 엄마는 만두를 팔았다. 언제나 엄마와 형지 둘뿐이었다. 만둣가게는 광장 입구에

자리잡고 있었고, 형지와 엄마는 가게 2층에서 살았다. 지금처럼 창밖을 내다보면 광장을 지나가는 사람들의 표정까지도 볼 수 있었다. 창문을 닫아도 들리는 기차와 버스 소리, 택시 기사들이 호객하는 소리, 떠나거나 돌아오는 발걸음 소리. 광장의 소음 속에서 형지는 자랐다.

형지는 노트북을 잠시 바라보다가 전원을 끄고는 도라지 꿀차를 담은 보온병과 방석을 챙겨 가게로 내려갔다. 영업을 중단한 가게 안은 어수선하고 음산하기까지 했다. 가게는 내놨지만 아직 보러 오는 사람이 없었다. 업소용 냉동고를 버릇처럼 열었다. 엄마가 틈틈이 물건들을 정리해둔 덕분에 처리할 짐이 거의 남아 있지 않았다. 유일한 큰 짐은 무슨 생각으로 빚은 건지 언제 빚은 건지 모를, 수백 개가 넘는 만두였다. 채소와 고기를 잔뜩 넣은 왕만두와 설날 연휴에 떡국용으로 인기가 많았던 김치만두가 잘 포장된 채로 냉동고 안을 꽉 채우고 있었다. 형지는 아침마다 만두를 몇 개씩 꺼내 놓고 배고플 때마다 집어먹는 것으로 끼니를 해결했다.

가게 쪽문을 통해 밖으로 나왔다. 만둣가게 앞에 놓인 커다란 찜기는 비닐로 덮여 있었다. 성자 손만두. 류성자, 엄마의 이름을 따서 지었다. 언제 다시 덧칠했는지 낡은 간판 위에 빨간 궁서체로 적은 글씨가 반들반들 윤이 났다. 지난겨울 엄마의 간병을 위해 형지가 한국으로 돌아왔을 때, 사람들이 광장에 모이는 일은 당연해져 있었다.

요양원에서 대부분의 시간을 보내다가 가끔씩 집에 들를 때마다 집회 행렬과 마주쳤다. 형지가 광장에 합류한 건 상을 치르고 난 이후였다. 발인을 마치고 집에 돌아와 잠이 든 형지는 어둠 속에서 구호 소리를 듣고 깨어났다. 그때는 사람들이 광장에 모여야 했던 이유가 모두 해결되어 사라진 뒤였다. 그럼에도 사람들은 저녁

마다 버릇처럼 역광장으로 모여들었다. 시간이 지나면 수가 줄어들 줄 알았는데, 늘지도 줄지도 않았다. 항상 부채꼴 모양의 광장에 꼭 맞게 찰 정도로만 모였다. 왜? 아직도? 라는 의문을 가진 채 형지는 그날 밤 옷을 대강 걸치고 깃발들이 모여 있는 그곳으로 갔다. 그렇게 매일 저녁 광장으로 나가기 시작한 지 일주일째였다. 광장에 도착하면 형지는 깃발들 사이를 걷다가 그나마 괜찮은 문구를 가진 깃발 앞에 자리잡았다. 아직까지 완전하게 마음에 드는 문구를 발견하지 못했다. 그래서 최대한 어중간하게, 어느 깃발과도 가까워지지 않게 위치하려고 애썼다.

　형지는 등을 돌려 걸었다. 삼월 초순의 이른 봄바람에 손이 시렸다. 핫팩 하나를 꺼내 흔들며 걸음을 옮겼다. 뜨끈한 온기가 조금씩 번졌다. 걸음을 멈춘 건 어릴 때 엄마와 함께 다니던 성당 앞이었다. 그사이 리모델링을 해서 내관은 깔끔해졌지만, 오래된 십자가와 성모상은 그대로였다. 가만히 올려다보면 괜스레 쓸쓸한 마음이 들곤 했던 마리아와 요셉, 예수가 함께 그려져 있는 성가정 그림도. 형지는 고해소 안으로 들어가 무릎을 꿇고 두 손을 모았다. 성호를 긋자 사제의 목소리가 들렸다.

　죄를 고백하십시오.

　형지는 침묵을 지켰다. 삼 분여의 시간이 흐른 뒤에야 간신히 입을 열었다.

　……(하략)……

약력

제52호 동국시집 수록 문인 약력

— 시 —

강경애 1992년 《시와비평》 등단. 시집 『내가 나를 부를 때마다』 『말하는 얼굴』. 산문집 『삭제하시겠습니까』 『긴 악수를 나누다』 등. 에세이포레 문학상. 한국시원 시문학상 수상.

강상윤 2003년 《문학과창작》 등단. 시집 『속껍질이 따뜻하다』 『만주를 먹다』 『요하의 여신』 『너무나 선한 눈빛』.

강서일 1991년 《자유문학》 시, 《문학과의식》 평론 등단, 시집 『쓸쓸한 칼국수』 『고양이 액체설』 『우주의 벌레구멍』 등. 자유문학상, 한국시문학상 등 수상.

고영섭 1989년 《시혁명》, 1998~1999년 《문학과창작》 추천 완료. 2016년 《시와세계》 평론 등단. 시집 『몸이라는 화두』 외. 평론집 『한 젊은 문학자의 초상』. 현대불교문학상, 한국시문학상, 이상시문학상 수상. 동국대 불교학과 교수.

공광규 1986년 월간 《동서문학》 등단. 시집 『담장을 허물다』 『서사시 금강산』 『서사시 동해』 등. 윤동주상, 신석정문학상, 녹색문학상 등 수상.

김금용 1997년 《현대시학》 등단. 시집 『물의 시간이 온다』 『각을 끌어안다』 외. 번역시집 『문혁이 낳은 중국 현대시』 등. 김삿갓 문학상, 동국문학상, 펜번역문학상 등 수상. 현, 《시결》 주간. 동국문학인회 회장.

김미연 2015년 《월간문학》 평론, 2018년 《월간문학》 시조 등단. 시집 『절반의 목요일』 『지금도 그 이름은 저녁』. 평론집 『문효치 시의 이미지와 서정의 변주』 『한국현대시인열전』. 현재 진주교대 강사.

김밝은 2013년 《미네르바》 등단. 시집 『술의 미학』 『자작나무숲에는 우리가 모르는 문이 있다』 『새까만 울음을 문지르면 밝은이가 될까』 등. 시예술아카데미상, 심호문학상, 전국계간문예지작품상, 한국시인협회 젊은시인상 등 수상.

김보화 1987년 《한맥문학》 등단. 시집 『입술 위를 걸어서 갈거야』 등. 일붕문학 대상(시), 서초문학상(수필), 김우종문학상(수필), 신사임당상(시) 등 수상.

김상규 2017년 조선일보 신춘문예 시조 당선. 시집 『존 그리어 보육원의 불량소년들』. 제42회 중앙시조신인상, 제23회 유심문학상 수상.

김서희 2011년 《불교문예》 등단. 시집 『뜬금없이』 『물끄러미』. 2022년 불교문예작가상 수상.

김선아 2011년 《문학청춘》 등단. 시집 『얼룩이라는 무늬』 『하얗게 말려 쓰는 슬픔』. 제3회 김명배문학상 대상.

김선영 《순수문학》 등단. 『달팽이 일기』 외 3권. 제9회 전라북도 인물대상 (문학창작 공로부문) 대상 등 수상.

김시림 1991년 《한국문학예술》, 2019년 《불교문예》 등단. 시집 『나팔고둥 좌표』 외 4권. 심호이동주문학상 수상. 백릉白綾 채만식문학상 운영위원.

김애숙 2021년 《문학예술》 시, 2023년 《문학예술》 수필 등단.

김윤숭 2011년 《우리시》 등단. 저서 『지리산문학관문창궁』.

김윤하 2000년 《문학과의식》 등단. 시집 『나의 붉은 몽골여우』 『북두칠성 플래시몹』 『물 속의 사막』. 한국시문학상 수상.

김진명 2017년 《한국문학예술》 시, 2021년 《월간문학》 소설 등단. 시집 『빙벽』 『너에게 쓰러지고 싶다』 『유목의 시간』 『생땅의 향기』 등. 타고르문학상 작품상(시), 윤동주탄생백주년기념문학상 우수상, 아산문학상 금상(소설) 등 수상.

김춘식 1992년 세계일보 평론 등단. 2002 무크 『시힘01- 햇볕에 날개를 마리다』에 시 「비슬번히 인생을 보내다」 외 발표. 평론집 『불온한 정신』 외 다수. 현재 동국대학교 문과대 학장. 계간 《시작》 편집위원.

김현지 1988년 《월간문학》 등단. 시집 『꿈꾸는 흙』 『그늘 한평』 외 4권. 동국문학상, 시인들이 뽑는 시인상 수상.

문봉선 1998년 《자유문학》 등단. 시집 『독약을 먹고 살 수 있다면』 외 3권. 시선집 『하늘눈물』. 한국현대시인신인작품상, 율목문학상 수상.

문정희 1969년 《월간문학》 등단. 시집 『남자를 위하여』 『양귀비꽃 머리에 꽂고』 『나는 문이다』 『카르마의 바다』 『응』 등. 시선집 『지금 장미를 따라』 등. 김동명문학상, 목월문학상, 공초문학상 등 수상. 현재 국립한국문학관 관장.

박금성 2020년 《서정시학》으로 등단. 시집 『웃는 연습』이 있음.

박법문 2004년 《시사문단》 시, 2005년 《시사문단》 평론 등단. 시집 『북두에 몸을 감추고』, 평론집 『서정과 사유─대자유의 길』.

박소란 2009년 《문학수첩》 등단. 시집 『심장에 가까운 말』 『한 사람의 닫힌 문』 『있다』 『수옥』, 산문집 『빌딩과 시』. 신동엽문학상, 내일의 한국작가상, 노작문학상, 딩아돌하작품상, 동국문학상, 현대문학상 수상.

박이영 2016년 《예술가》 신인상. 시집 『자본주의 배추資本主義 百葉』(중국어) 『슬픔은 나의 힘』 『참새는 어디로 갈까』.

박인걸 2017년 《국제문예》 수필 등단. 시집 『마음의 향기를 그대에게』, 장편소설 『대한민국의 몰락과 부활 1』, 단편소설 『우리들의 피아니스트』. 시흥시예술상, 타고르문학상 수상.

박종일 1990년 《문학공간》에서 시쓰기 시작. 1993년 《포스트모던》에 평론 발표. 2003년 시집 『보이지않는 사랑처럼』 외, 역사산문집 『부여여행』.

박진호 2011년 《문파문학》 등단.

박판식 2001년 《동서문학》 등단. 시집 『밤의 피치카토』 『나는 나와 어울리지 않는다』 『나는 내 인생에 시원한 구멍을 내고 싶다』. 김춘수시문학상, 동국문학상, 상화시인상 수상.

박형준 1991년 한국일보 신춘문예 당선. 시집 『생각날 때마다 울었다』 『불탄집』 『줄무늬를 슬퍼하는 기린처럼』 등. 유심작품상, 풀꽃문학상 등 수상.

서정란 1992년 동인지 발표와 함께 작품활동 시작. 시집 『클림트와 연애를』 『꽃구름 카페』 등. 동국문학상, 한국문학백년상 수상.

양점숙 1989년 이리익산 문예 백일장 장원. 시조집 『현대시조100인선 꽃 그림자는 봄을 안다』 『앉은뱅이 들꽃』 등. 가람시조문학상 등 수상, 가람기념사

업회 명예회장.

염은초 2016년 한국시인협회 공모전 당선으로 작품활동 시작. 2025년 《불교문예》 등단. 남양주시 진접기록책자 발간 편집위원, 동국문학인회 사무국장, 불교문예 편집장.

우정연 2013년 《불교문예》 등단. 시집 『송광사 가는 길』 『자작나무 애인』 『연을 심다』. 불교문예작가상, 한국꽃문학상 대상 수상.

유병란 2014년 《불교문예》 등단. 시집 『엄마를 태우다』 『그러려니가 있다』.

윤유나 2020년 시집 『하얀 나비 철수』로 작품활동시작. 시집 『삶의 어떤 기술』, 산문집 『잠과 시』가 있음.

윤재웅 1979년 제1회 만해백일장 대상 수상. 1991년 세계일보 문학평론 등단.

윤 효 1984년 《현대문학》 등단. 시집 『물결』 『얼음새꽃』 『햇살방석』 『참말』 『배꼽』 『시월詩月』 등, 시선집 『언어경제학서설』. 편운문학상, 영랑시문학상, 풀꽃문학상, 동국문학상, 충남시협상, 유심작품상 등 수상.

은이정 2023년 《시와경계》 등단.

이경철 1990년 《현대문학》 등 평론 발표, 2010년 《시와시학》 시 등단. 시집 『그리움 베리에이션』. 저서 『미당 서정주 평전』 『현대시에 나타난 불교』 『허무의 꽃』 등 다수. 현대불교문학상, 질마재문학상, 동국문학상, 유심작품상 등 수상.

이명지 1993년 《창작수필》 등단. 수필집 『헤이, 하고 네가 나를 부를 때』 『육십, 뜨거워도 괜찮아』 『낮술』 『그리고 나를 읽었다』 외. 조연현문학상, 동국문학상, 한국산문문학상, 창작수필문학상 수상.

이서연 1991년 월간 《문학공간》 시조, 2019년 《문학과의식》 평론 등단. 시집 『사랑, 그 언어의 무늬』, 시조집 『내 안의 그』 외. 한국문인협회 감사.

이선녀 2013년 월간 《한국문단》 시조 등단. 시조집 『시조꽃이 피었습니다』 『별세계를 엿보는가』(공저). 낭만시인문학상 대상, 라온시조상 수상.

이순희 2002년 《심상》 등단. 시집 『꽃보다 잎으로 남아』 가곡 독집 『어디로 가는가』 『아무島』. 동국문학상, 애지문학상, 한국창작문학상 대상 수상.

이영경 2023년 《신문예》 등단. 시집 『눈꽃』 등. 인사동시인협회 이사.

이용하 2019년 《문학과창작》 등단. 시집 『너는 누구냐』.

이정현 2007년 《수필춘추》 수필, 2016년 《계간문예》 시 등단. 시집 『살아가는 즐거움』 『춤명상』 『풀다』 『점』 외, 시선집 『라캉의 여자』, 평론집 『60년대 시인 깊이 읽기』. 한국문학비평가협회 작가상 등 수상.

이제재 2021년 시집 『글라스드 아이즈』를 통해 작품활동 시작.

이혜선 1981년 《시문학》 등단. 시집 『흘린 술이 반이다』 『새소리 택배』 등. 윤동주문학상, 한국예총예술문화대상 등 수상. 동국대 외래교수, 한국여성문학인회 이사장, 한국문인협회 부이사장, 문체부 문학진흥정책위원 역임.

이희경 2022년 《심상》 등단, 시집 『짧은 스파크』.

임보선 1991년 《월간문학》 등단. 저서 『내 사랑은 350℃』 『솔개여, 나의 솔개여』 『청소년을 위한 사랑시 모음』. 제29회 동포문학상, 장금생문학상 수상.

정민나 1998년 《현대시학》 등단. 시집 『E 입국장, 12번 출구』 『지구 스타일러』 등. 시론집 『정지용 시의 리듬양상』 『파동이 신체를 주파한다』 『유동과 생성의 문학』 등.

정우림 2014년 《열린시학》 등단. 시집 『살구가 내게 왔다』 『사과 한 알의 아이』 『코카서스 할아버지의 도서관』, 그림시집 『달의 나이테』.

정일주 1999년 《시대문학》 수필, 2019년 《스토리문학》 시 등단. 저서(공저) 『창문』 『문향』 등.

정지윤 2015년 경상일보 시, 2016년 동아일보 시조 당선. 2014년 창비어린이 동시 등단. 시집 『나는 뉴스보다 더 편파적이다』. 시조집 『참치캔 의족』 『투명한 바리케이드』. 동시집 『어쩌면 정말 새일지도 몰라요』 『전달의 기술』.

조미경 2017년 《국보문학》 시, 소설, 2018년 《국보문학》 수필 등단. 시집 『여백』. 소설집 『사랑에도 비밀은 있다』 등. 향원문학상 대상(소설), 기행문학상 대상(수필), 우주문학상, 제1회 서울국보문학상(소설) 등 수상.

주선미 2004년 《홍주문학》으로 작품활동 시작, 2017년 《시와문화 》 등단. 시집 『안면도 가는 길』『지도에 없는 방』 등.

주원규 1977년 《현대문학》 등단. 시집 『切頭산 시편』『문득 만난 얼굴』 한영대역6인시집 『여섯 개의 변주』 외. 청하문학상 본상, 은평문학상 대상, 한국기독시문학상 본상, 한국문학100년상 등 수상.

지연희 1982년 《한국수필》, 1983년 《월간문학》 수필, 2003년 《시문학》 시 등단. 사)한국문인협회 수필분과회장 25대 26대, 사)한국수필가협회 이사장, 사)한국여성문학인회이사장 역임. 계간 《문파문학》 발행인

최민초 1991년 《한국수필》 수필, 2001 《한국소설》 소설 등단. 소설집 『자네 왜 엉거주춤 서 있나?』『아내의 스무 살』『꽃지에서 길을 잃다』『하얀 정사』『바람꽃』, 수필집 『두꺼비와 유월 소』. 한국소설 작가상, 한국문학인상 수상.

하승윤 2010년 《문학·선》 등단.

한백양 2024년 동아일보, 세계일보 신춘문예 시부문 등단.

허정자 1984년 《한국수필》 등단. 수필집 『강물에 비친 얼굴』『작가의 방』 외. 신곡문학상, 한국수필문학상, 동국문학상, 국제 펜 아카데미문학상 등 수상.

홍사성 2007년 《시와시학》 등단. 시집 『내년에 사는 法』『터널을 지나며』『고마운 아침』『샹그릴라를 찾아서』 등.

홍신선 1965년 《시문학》 등단. 시집 『우연을 점찍다』『삶의 옹이』『가을 근방 가재골 』 등. 시선집 『사람이 사람에게』 등. 노작문학상, 현대문학상, 김달진문학상, 김삿갓문학상 문덕수문학상, 이형기문학상 등 수상.

황사라 2023년 전북일보 시 등단.

휘 민 2001년 경향신문 시, 2011년 한국일보 동화 당선. 시집 『중력을 달래는 사람』『온전히 나일 수도 당신일 수도』『생일 꽃바구니』, 동시집 『기린을 만났어』 등.

― 산문 ―

심봉구 1975년 《동국문학》에 시를 발표하며 작품활동 시작. 《문학시대》 시, 《창작수필》 수필 등단. 《사학연금》에 꽁트 연재. 창작수필작품상, 한반도문학 최우수상 및 오늘의작가상 수상.

윤혜자 1972년 《수필문학》 등단. 수필집 『오빠생각과 아욱국』 등 13권. 음악에 세이 『음악의페르마타』 등 6권. MBC라디오 PD, 방송위원회 심의위원. (사)한 국수필가협회 이사장, 수필문우회 회장 역임.

이명지 1993년 《창작수필》 등단. 수필집 『육십, 뜨거워도 괜찮아』 『헤이, 하고 네가 나를 부를 때』 『중년으로 살아내기』. 그림수필집 『낮술』. 논문집 〈전혜린 수필 연구〉 등. 한국산문문학상, 조연현문학상, 동국문학상 등 수상.

이신백 2010년 《수필시대》 등단, 대통령상, 문교부장관상, 농림수산부 장관상, 문화체육부장관상, 서울시장상, 86서울아시안게임조직위원장상, 88서울올림 픽기장 등 수상.

이흥수 2014년 《문파문학》 등단. 수필집 『소중한 나날』. 제19회 세계문학상 수 필 부문 본상 수상.

차옥혜 1984년 《한국문학》 시, 2025년 《문예바다》 소설 등단. 시집 『비로 오는 그 사람』 『말의 순례자』 『호밀의 노래』 외 13권. 경희문학상, 경기펜문학대상, 산림문학상, 현대시인협회상 등 수상.

허정자 1984년 《한국수필》 수필 등단. 수필집 『강물에 비친 얼굴』 『작가의 방』 등. 신곡문학상, 한국수필문학상, 동국문학상, 국제펜 아카데미문학상 등 수 상. 대구여성문인협회, 대구펜 고문, 한국수필가협회 부이사장.

― 소설 ―

임순월 2017년 인도여행기 『부엌에서 인도까지』.

정선임 2018년 중앙신인문학상을 수상하면서 작품활동 시작. 소설집 『고양이는 사라지지 않는다』. 2023년 제14회 젊은 작가상 수상.

동국문학인회 역대 회장

서정주 1979~1980년(시. 작고)
이원섭 1981~1982년(시. 작고)
황 명 1983~1984년(시. 작고)
송 혁 1985~1986년(시. 작고)
강 민 1987~1988년(시. 작고)
이형기 1989~1990년(시. 작고)
송원희 1991~1992년
송원희 1993~1994년
홍기삼 1995~1996년
조상기 1997~1998년(시. 작고)
문효치 1999~2000년
홍신선 2001~2002년
박제천 2003~2004년(시. 작고)
박제천 2005~2006년(시. 작고)
박제천 2007~2008년(시. 작고)
이상문 2009~2010년
이원규 2011~2012년
류재엽 2013~2014년
이혜선 2015~2016년
이혜선 2017~2018년
장영우 2019~2021년
김금용 2021~2023년
김금용 2024~

동국문학인상 역대 수상자

2005년   동국문학인상   강민(시, 작고)
2006년   동국문학인상   최제복(시, 작고)
2007년   동국문학인상   송원희(소설)
2011년   동국문학인상   홍기삼(평론)

동국문학상 역대 수상자

제1회(1988년)   신경림(시, 작고)
제2회(1989년)   김문수(소설, 작고)
제3회(1990년)   조정래(소설)
제4회(1991년)   박정희(시), 송 도(수필)
제5회(1992년)   박제천(시, 작고), 이상문(소설)
제6회(1993년)   김규화(시, 작고), 정채봉(동화, 작고)
제7회(1994년)   문효치(시), 이원규(소설)
제8회(1995년)   홍신선(시), 김용철(소설), 윤형두(수필, 작고)
제9회(1996년)   김정웅(시), 이계홍(소설)
제10회(1997년)   조상기(시, 작고), 신상성(소설), 조병무(평론)
제11회(1998년)   홍희표(시, 작고), 이국자(소설, 작고)
제12회(1999년)   정의홍(시, 작고), 호영송(소설)
제13회(2000년)   박진환(평론)

제14회(2001년) 문정희(시)

제15회(2002년) 박 찬(시, 작고)

제16회(2003년) 강희근(시), 김강태(시, 작고)

제17회(2004년) 신용선(시, 작고), 송정란(시)

제18회(2005년) 신규호(시), 이경교(시, 평론)

제19회(2006년) 윤제림(시), 류재엽(평론)

제20회(2007년) 하덕조(시), 유혜자(수필)

제21회(2008년) 이윤학(시), 장영우(평론)

제22회(2009년) 장순금(시), 류근택(시)

제23회(2010년) 공광규(시), 정찬주(소설)

제24회(2011년) 이혜선(시), 박혜경(평론)

제25회(2012년) 고명수(시), 허정자(수필)

제26회(2013년) 김금용(시), 박성원(소설)

제27회(2014년) 허혜정(시), 유한근(평론)

제28회(2015년) 서정란(시), 정희성(시)

제29회(2016년) 이순희(시), 송희복(평론)

제30회(2017년) 김현지(시), 이우상(소설), 지연희(수필)

제31회(2018년) 윤고방(시), 윤효(시), 이경철(평론)

제32회(2019년) 정숙자(시, 작고), 동시영(시), 이명지(수필)

제33회(2020년) 허진석(시)

제34회(2021년) 김창범(시), 김택근(수필), 성낙주(수필, 작고)

제35회(2022년) 윤고은(소설)

제36회(2023년) 박판식(시)

제37회(2024년) 박소란(시)

제38회(2025년) 위수정(소설)

이희경 시집

짧은 스파크

현대시 기획선 134
변형 국판 160쪽. 값 13,000원

존재의 가벼움,
혹은 부재의 풍요로움

이희경 시인은 부재를 통해서 자연의 섭리라든가 이치에 대해서 사유를
전개하고, 우리의 삶을 지배하는 원리로서 부재의 순간이 영원성과 통하는
비밀을 보여준다. 사소하고 자잘한 사건을 통해 깊은 자아의 세계를
탐구하거나 부재의 공간과 순간을 통해서 풍요로움과 영원성을 찾아내는
이희경 시인의 시세계는 결국 아이러니의 시학에 기반을 두고 있으며,
라비린토스와 같은 미로의 세계를 구축하고 있다.

_ 황치복 (문학평론가)

대표전화 (02) 302-2717 | www.koreapoem.co.kr | koreapoem@hanmail.net | **한국문연**

윤효
시집

배롱꽃

윤효 지음 | 값 12,000원

이 세상에 나투신 모든 사물과 풍경은 무슨 의미인가. 아름답게 지켜가야 할 것은 무엇인가. 어떻게 살아야 하는가. 윤효 시인의 시조에는 그런 근본적인 의문들과 대답들이 촌철살인으로 대담하게 담겨 있다. 그럴 수 있는 것은 시조의 형식에 기인한다. 시조는 시와 달리 형식이 있다. 그 형식으로 인하여 완결성이라는 단정하고 고전적인 성격을 가진다. 시조의 형식은 짧아서 담대하며 그 형식 안에 실리는 내용 역시 당연히 거침없고 깊고 직관적이다. 시인이 쓴 시조들은 모두 단수로 된 단시조이다. 전통적인 시조의 유형은 단 한 수로 시상을 완결하는 단시조였다. 서로를 가장 빛나게 해주는, 형식과 내용의 합이 가장 잘 맞는 것이 단시조다. 그것은 시조 문학의 정수이며 본령인 것이다. 이 시조집의 전편이 단시조인 것은 시인이 벌써 이 점을 꿰뚫고 있는 것이며 작금의 시조시인들에게 가하는 일침이기도 하다. 시인은 "시조 같은 것이 찾아왔다"('시인의 말')고 겸손하게 말하고 있지만 그의 시조는 더 이상 시조다울 수 없는 시조의 형태를 하고 있으며 그 형태에 실린 뜻은 적묵당에서 수삼 년 수도한 듯 고요하게 깊고 의젓하게 넓다.

— 김일연 시조시인

윤효 시인

1984년 《현대문학》 등단
시집 『물결』 『얼음새꽃』 『햇살방석』 『참말』 『배꼽』 『시월詩月』 시선집 『언어경제학서설』
편운문학상, 영랑시문학상, 풀꽃문학상, 동국문학상, 충남시협상, 유심작품상 등 수상

전국 유명 서점 및 인터넷 서점에서 판매중
본사 주문도 받습니다

E-mail_chaekjip@naver.com   TEL_3142-1585

책만드는집

한국 6·70년대 시인들의 광대한 시적 파노라마

한국 현대 시인 열전

김미연 평론집

한자리에 모아보니 광대한 시적 파노라마다. 60년대와 70년대를 아우르는 한국시의 전개와 발전을 한눈에 들여다볼 수 있는 '조감도'라고 생각한다.

30년대라는 기법적 다양성, 40년대 청록파의 신선도, 나라를 찾은 광복기의 역사와 1950년대 전쟁 체험의 민족사 수난이라는 거대한 도전을 넘어서서 시야를 확보한 시대라는 점에 주목할 수 있다. 이를테면 1930년대 시문학파와 이미지즘의 기류가 다시 맥을 잡아 이어지는 시기의 시학에 이르렀다고 보고 우리나라 60년대 70년대 현대라는 뿌리와 그 다양성에 필력을 집중하였다.

김미연

동국대 국어국문학과 석사, 국문학 박사
진주교대 강사.
〈시문학〉 시 등단 (2010년)
〈월간문학〉 문학평론 등단 (2015년)
〈월간문학〉 시조 등단 (2018년)
아르코문학 시 창작기금 (2020년) 수혜

시집 『절반의 목요일』, 『지금도 그 이름은 저녁』
평론집 『문효치 시의 이미지와 서정의 변주』
현재 문학평론가, 시인으로 활동중
KBS 문화표절문제 연구원 (심사위원)

kookhak.co.kr
국학자료원

604쪽 | 신국판 양장본 | 38,000원 | 9791167972354

동국시집 제52호

나의 신 속에는 신이 있다

종이책 발행	2025년 10월 20일
전자책 발행	2025년 10월 25일
엮은이	동국문학인회(회장 김금용)
편 집	염은초
펴낸이	고미숙
펴낸곳	쏠트라인saltline
신고번호	제 2024-000007호 (2016년 7월 25일)
등록번호	206-96-74796
제작처	04549 서울특별시 중구 을지로18길 24-4
	31565 충남 아산시 방축로 8
이메일	dongmunhak@naver.com(동국문학인회)
연락처	010-9015-0205(동국문학인회 사무국장)
ISBN	979-11-92139-86-9 (03810)
값	13,000원

＊ 이 책은 안해축전추진위원회에서 지원받아 제작하였습니다.